INTERPRETATIONSHILFE
DEUTSCH

Friedrich Schiller

Maria Stuart

Interpretiert von
Andreas Mudrak

STARK

Bildnachweis

Umschlagbild: Corinna Kirchhoff als Maria Stuart und Gertraud Jesserer als Hanna Kennedy in Andrea Breths Inszenierung von „Maria Stuart" am Burgtheater Wien (2001). Foto: Bernd Uhlig
Seite 3: Schiller-Nationalmuseum, Deutsches Literaturarchiv, Marbach
Seite 13: bpk, Berlin, 2004
Seiten 45, 51: Fotos: Heike Rawe
Seiten 67, 74: Fotos: Bernd Uhlig
Seite 71: Bettina Müller

ISBN 978-3-89449-674-6

www.stark-verlag.de
1. Auflage 2004

Inhalt

Autor: Andreas Mudrak

Vorwort

Liebe Schülerin, lieber Schüler,

diese Interpretationshilfe zu Friedrich Schillers vor 200 Jahren entstandenem Trauerspiel *Maria Stuart* soll Ihnen helfen, den historischen Abstand zu diesem Drama der Weimarer Klassik zu überbrücken und die Aktualität und Brisanz des Stücks zu entdecken.

Nach einer kurzen Einführung, die wesentliche Aspekte des Dramas umreißt, erhalten Sie im ersten Kapitel einen Überblick über Schillers Leben und literarisches Schaffen sowie über die Entstehung von *Maria Stuart* und geschichtliche Hintergründe des Werks. Daran schließt sich die Inhaltsangabe des Stücks an. Im zentralen dritten Kapitel dieses Bandes wird das Drama analysiert und interpretiert. Die ersten Abschnitte verbinden allgemeine Informationen zur Gattung des Dramas mit konkreten Formanalysen von Schillers Stück. Weitere Abschnitte beschäftigen sich mit den Hauptfiguren, mit der Sprache der Tragödie und mit zentralen Themen. Abgerundet wird das Kapitel durch zwei Musterinterpretationen zentraler Szenen.

Hinweise zur Wirkungsgeschichte von *Maria Stuart* sowie eine kommentierte Auswahlliste der Primär- und Sekundärliteratur schließen den Band ab.

Andreas Mudrak

Andreas Mudrak

Einführung

Man muss nicht lange nach Gründen fragen, weshalb Friedrich Schillers *Maria Stuart* bis heute für das Publikum interessant ist: Ein Duell zweier Königinnen, mit einer dramatischen Konfrontation in der Mittelachse des Stücks, ist von vornherein spannend. *Maria Stuart* ist und bleibt das **Lehrstück über Machtpolitik** schlechthin. Der Zweikampf dieser beiden so unterschiedlichen Rivalinnen zeigt, dass auch scheinbar absolute Herrscher letztlich unfrei sind und dennoch dem Gang der Geschichte ihren individuellen Stempel aufdrücken können.

Die Titelheldin Maria ist von Beginn an ohne reale Macht und träumt als Inhaftierte von ihrer Wiedereinsetzung als Königin – obwohl sie weiß, dass sie bereits verloren hat. In ihrer Jugend schuldig geworden, wartet sie als Verfemte auf den Sühnetod.

Elisabeth ihrerseits fühlt sich als Gefangene ihres Herrscheramtes, weil sie nicht schalten und walten kann, wie sie will. Handeln lässt sie lieber andere. Verantwortung übernimmt sie nicht selbst, sondern gibt sie weiter.

Schillers Dramen sind wortgewaltig – die äußere Handlung tritt gegenüber der Sprachhandlung in den Hintergrund: Wortgewalt wird zum Gewalt-Wort! Sprache soll nicht nur anklagen, sondern den Gegner auch argumentativ zerstören. Mit Worten wird beleidigt, geheuchelt und werden Morde befohlen.

Unübersehbar ist, dass Schiller nicht zimperlich mit den beiden Königinnenfiguren umgeht. Seine **Elisabeth** ist eine machtbesessene Frau, die um ihrer positiven öffentlichen Wirkung willen die milde Königin nur heuchelt. In ihrem tiefen Innern glaubt sie sich legitimiert, zur Festigung ihrer Herrschaft auch das Recht zu beugen.

Maria hingegen hat den Gesetzen der Tragödie zu gehorchen: Sie kann ihre **Erlösung** – und damit ihre **Freiheit** – erst im Tod erlangen. Schiller lässt sie gegen die Gewalt ankämpfen, doch am Schluss muss sie sich mit ihrer aussichtslosen Lage abfinden. Gleichwohl ist ihr Tod mit einem moralischen Sieg verbunden.

Offenkundig wollte Friedrich Schiller mit seiner Maria Stuart das Bild einer autonomen Persönlichkeit zeichnen, die sich von Fremdbestimmung zu befreien vermag und zu sich selbst findet. Schiller will, beeinflusst durch die Aufklärungsphilosophie von Immanuel Kant, eine Maria zeigen, die sich ihrer **Vernunft** bedient. Die Befreiung aus geistiger Unmündigkeit versetzt Maria in die Lage, ihrem Gewissen zu folgen und moralisch zu handeln: Sie akzeptiert, dass sie die Verantwortung für ein weit zurückliegendes Verbrechen übernehmen muss, um menschliche Schuld zu tilgen, die die Seele belastet.

Biografie und Werkgeschichte

1 Übersicht über Leben und Werk Friedrich Schillers

Friedrich Schiller. Gemälde von Ludovike Simanowitz (1793)

Johann Christoph Friedrich Schiller kam am 10. November 1759 in Marbach am Neckar zur Welt. Sein Vater wurde als Offizier im Dienst des Herzogs von Württemberg Karl Eugen oft versetzt, weshalb die Familie häufig den Wohnort wechseln musste.
Friedrich, der bereits als Kind vor Geschwistern und Freunden Predigten vortrug, wollte Priester werden. Nach einem sehr erfolgreichen Schulabschluss Ende 1772 bestimmte der Herzog Karl Eugen jedoch, dass Friedrich seine weitere Ausbildung in einem Militär-Internat (der so genannten „Militär-Pflanzschule“) absolvieren solle. Dort ließ der Herzog den besten Schülern seines Landes eine unentgeltliche Militärerziehung angedeihen. Er gewährte Schiller freie Fächerwahl und eine gute Versorgung.

1774 entschloss sich Friedrich zu einem Jurastudium. Gleichzeitig wuchs sein literarisches Interesse, das er in seiner freien Zeit, oft heimlich, mit umfangreicher Lektüre befriedigte. 1776 begann er zusätzlich Medizin zu studieren, was er jedoch eher halbherzig betrieb. Nach seinem Studienabschluss im Jahre 1780 wurde er als Regimentsarzt eingestellt, verdiente wenig und musste eine Uniform tragen, was ihm verhasst war.

Seit 1777 beschäftigte sich Schiller mit den Plänen zu dem Drama *Die Räuber*, das er 1780 fertig ausarbeitete und 1781 im Selbstverlag veröffentlichte. Die Uraufführung seines ersten Theaterstücks fand ein Jahr später in **Mannheim** statt. Er nahm inkognito daran teil, weil ihm gemäß der strengen Urlaubsregelung die Ausreise in ein anderes Herzogtum verboten war. Als er im Mai 1782 ein zweites Mal unerlaubt nach Mannheim reiste, belegte ihn der Herzog mit kurzem Arrest und Schreibverbot. Er nutzte seine Strafe, um sein zweites Stück, *Die Verschwörung des Fiesko zu Genua*, in einer vorläufigen Fassung zu beenden; in den zwei Wochen seiner Haft schrieb er auch Entwürfe zu einem Stück „Luise Millerin", das er später unter dem Titel *Kabale und Liebe* veröffentlichte. Seine Abneigung gegen seinen halbmilitärischen Beruf und die herzogliche Gängelung steigerte sich so, dass er sich zur Flucht entschied, die er mit einem Freund unternahm und die ihn zunächst von Mannheim nach Frankfurt führte. Er verlebte Monate in finanzieller Not und in Angst, entdeckt und nach Stuttgart ausgewiesen zu werden. Auf Einladung einer Gönnerin lebte er einige Monate auf deren Landgut in Bauerbach bei Meiningen (Thüringen). Dort befasste er sich erstmals mit dem Maria-Stuart-Stoff und arbeitete bereits einige Szenen zu einem Drama aus. Nach Mannheim zurückgekehrt, trat er zum 1. September 1783 eine Stelle als Theaterdichter an. Gesundheitliche und finanzielle Probleme begleiteten ihn jedoch weiterhin. Der *Fiesko* und *Kabale und Liebe* wurden uraufgeführt. Schiller setzte sich, da er die Mannheimer Inszenierungen seiner Stücke unzulänglich fand, auch theoretisch mit dem Theater auseinander und hielt eine Rede, die unter dem Titel *Was kann eine gute stehende Schaubühne eigentlich wirken?* gedruckt wurde.

1784 lernte Schiller die Schriftstellerin Charlotte von Kalb kennen. Durch sie machte er die Bekanntschaft des Herzogs von Sachsen-Weimar Karl August, der ihm den Titel eines Weimarischen Rats verlieh.

Da sein Vertrag am Mannheimer Nationaltheater nicht verlängert wurde, nahm er die Einladung seines Freundes und Verehrers Christian Gottfried Körner an (der die erste große Biografie über Friedrich Schiller verfasste) und zog in die Nähe von **Dresden**. Dort entstand die berühmte Hymne *An die Freude*, die Ludwig van Beethoven später im Schlusssatz seiner gewaltigen Neunten Sinfonie vertonte. Außerdem schrieb Schiller eine Erzählung, in der er sein Interesse an philosophischen und sozialen Fragen in der Geschichte über einen Menschen niederer Herkunft verarbeitet, der zum Verbrecher wird, weil ihn die Umstände dazu machen: *Der Verbrecher aus verlorener Ehre*.

In das Jahr 1787 fiel die Arbeit an dem spannenden Fortsetzungsroman *Der Geisterseher* (den die Leser damals regelrecht verschlangen), die Bühnenbearbeitung des historischen Stückes *Don Karlos* sowie die erste umfangreiche geschichtliche Schrift *Geschichte des Abfalls der vereinigten Niederlande von der spanischen Regierung*. Mehr und mehr beschäftigte sich Schiller mit geschichtlichen Entwicklungen und politischen Zusammenhängen. Besonders Freiheitsideen standen im Blickfeld seines Interesses. Auf Vorschlag Johann Wolfgang von Goethes hin erhielt Schiller 1789 schließlich eine Professur für Geschichte in **Jena**. Auch privat festigte sich sein Leben durch die Heirat mit Charlotte von Lengenfeld im darauf folgenden Jahr.

An der Universität Jena hielt Schiller nicht nur Vorlesungen über Geschichte, sondern las auch über die Theorie der Tragödie. 1790 begann er mit der groß angelegten Auftragsarbeit über die *Geschichte des Dreißigjährigen Krieges*, während der sein tägliches Arbeitspensum bis zu 14 Stunden erreichte. Daneben fand Schiller aber trotzdem Zeit, Gäste in seinem Haus und Studierzimmer einzeln oder in geselliger Runde zu empfangen.

1791 zog sich Schiller eine schwere Lungen- und Rippenfellentzündung zu, die in den Folgejahren immer schlimmer wurde und an der er bis zu seinem Lebensende litt. Er arbeitete vorwiegend des Nachts, mied im Winter das Freie und schrieb vor allem im Sommer, wenn er bei besserer Gesundheit war.

In der Anfangszeit überwiegend Dichter, danach Historiker, wandte sich Schiller seit 1792 dem Studium der Philosophie Immanuel Kants zu. Bereits 1793 erschienen durch die Auseinandersetzung mit Kant angeregte wichtige Abhandlungen: *Über Anmut und Würde*, *Vom Erhabenen* und *Über das Pathetische.* Sie bilden gewissermaßen das Kernstück von Schillers Tragödientheorie und entwickeln die Gedanken der 1792 in der Zeitschrift *Neue Thalia* publizierten Schrift *Über die tragische Kunst* weiter. Höhepunkt dieser Schaffensphase war Schillers große Schrift *Über die ästhetische Erziehung des Menschen in einer Reihe von Briefen*, in deren Programm sich Sittlichkeit, Neigung (Sinnlichkeit) und Pflicht (Vernunft) im so genannten Spieltrieb harmonisch verbinden: Nur durch das Spiel als zweckfreies Handeln kann der Mensch er selbst und damit frei sein. Freiheit bedeutet dabei Schönheit. Deren Medium ist die Kunst, die ja den schönen Schein entwirft.

Die Zeit ab 1794 war für Schiller geprägt vom intensiven geistigen Austausch mit seinem Dichterkollegen Johann Wolfgang von Goethe. Mit ihm sprach er über literarische Pläne, diskutierte theoretische Ansichten und tauschte Texte aus. Goethe lud Schiller häufig zu sich nach Weimar ein.

In den Jahren 1795 bis 1797 gab Schiller die literarische Zeitschrift *Die Horen* heraus, die er gemeinsam mit dem Verleger Cotta aus Stuttgart ins Leben gerufen hatte. Dieses Periodikum sollte das programmatische Organ der Weimarer Klassik sein. Schiller bat viele berühmte Dichter und Philosophen, darunter Immanuel Kant, Johann Gottfried von Herder, Wilhelm von Humboldt und Goethe, um ihre Mitarbeit.

Nach einer Phase lyrischen Schaffens mit einem großen Ertrag von Gedichten, die in den *Horen* und in dem *Musen-Almanach für das Jahr 1796* erschienen, kam es zu einem Gemeinschaftsprojekt von Schiller und Goethe, den *Xenien*. Dabei handelte es sich um satirische Zweizeiler, die die Kritiker der *Horen* und des *Musenalmanachs* verspotten sollten.

1796 beschloss Schiller, sich intensiv seinem historischen Drama *Wallenstein* zuzuwenden, das 1799 fertig wurde. In diesen Jahren entstanden auch seine bedeutendsten Gedichte und Balladen. Die Stofffülle des Dramas machte Schiller stark zu schaffen. Daneben zwangen ihn Krankheitsschübe zu Unterbrechungen. Goethe interessierte sich, als Leiter des Weimarer Hoftheaters, sehr für den *Wallenstein*, wünschte Änderungen und gab Ratschläge inhaltlicher Art. Wie auch später während der Entstehung des nächsten Dramas, der *Maria Stuart*, wurden Leseproben abgehalten.

Ende 1799 zogen die Schillers – Friedrich, Charlotte und ihre Kinder Karl und Karoline – nach **Weimar** um. Drei Jahre später erwarb Schiller (mithilfe einer Finanzspritze von Goethe) ein Haus in Weimar, das heutige Schillerhaus an der Esplanade.

Manchmal vertrat Schiller Goethe bei den Theaterproben am Hoftheater – so etwa bei den Proben zu *Iphigenie auf Tauris*.

Nach Abschluss der *Maria Stuart* schrieb Friedrich Schiller neben weiteren, unbekannteren Arbeiten noch die drei Dramen *Die Jungfrau von Orleans*, *Die Braut von Messina* und *Wilhelm Tell*. Er starb am 9. Mai 1805 an den Folgen seiner langjährigen Lungenkrankheit.

2 Entstehungsgeschichte der „Maria Stuart“

Friedrich Schiller widmete sich intensiven historischen Studien. Zum einen dienten sie als Vorarbeiten für seine dramatischen Werke. Zum anderen publizierte er eigenständige geschichtswissenschaftliche Schriften. Besonders fasziniert war Schiller vom Zeitalter der europäischen frühen Neuzeit, das man auf den

Zeitraum von etwa 1500 bis 1750 datiert. Schiller betrachtete jene Epoche als entscheidend für die schrittweise Entfaltung politischer Freiheit und Selbstbestimmung. So zeigt die groß angelegte historische Schrift *Geschichte des Abfalls der vereinigten Niederlande von der spanischen Regierung* Schillers aufklärerischen Optimismus, indem sie schildert, wie die Niederländer politische Autonomie erlangten.

Die Regierungsgeschichte der englischen Königin Elisabeth I. und ihrer schottischen Rivalin fällt ebenfalls in jene Zeit. Das so genannte Elisabethanische Zeitalter bildet einen Abschnitt der englischen Renaissance. Schillers Interesse an diesem Stoff und seine Absicht, ihn in einem Drama zu verarbeiten, fällt bereits in das Jahr **1782**. Dies geht aus einer Wunschliste von Büchern hervor, die Schiller während seines Aufenthaltes in Bauerbach dem Bibliothekar Friedrich Hermann Reinwald zukommen ließ. Neben Werken deutscher zeitgenössischer Autoren, etwa Aufklärern wie Gotthold Ephraim Lessing und Georg Forster, philosophischen und medizinischen Schriften, befanden sich darunter vor allem Titel über die englische Geschichte. In einem Brief an Reinwald äußert Schiller den ausdrücklichen Wunsch, ein Drama über Maria Stuart zu schreiben. Doch andere Ideen zu Theaterstücken hatten für Schiller zunächst Vorrang. Erst im Jahre **1799**, als er seine *Wallenstein*-Trilogie über den berühmten Feldherrn des Dreißigjährigen Krieges beendet hatte, konnte er sich intensiver in den Maria-Stuart-Stoff einarbeiten. Sein routinierter Umgang mit historischen Quellen trug dazu bei, dass er in nur knapp drei Monaten den ersten Akt beendete, obwohl äußere Umstände wie eine große Julihitze und häufige Besuche seine Arbeitskraft einschränkten. Die Arbeit ging ihm aber trotzdem schnell von der Hand, was Schiller in Briefen an Goethe vom Frühjahr und Sommer 1799 so begründete: Der Stoff enthalte „tragische Hauptmotive“ (DüD, S. 374)[1], die sich klar ausgestalten ließen; außerdem sei es vorteilhaft, „daß die Handlung in einen thatvollen Moment concentriert ist und zwischen Furcht und Hofnung rasch zum Ende eilen muß"; „vortrefliche dramatische Charaktere" (DüD, S. 376), und hier besonders Marias Eigenschaften als „physisches Wesen" (DüD, S. 377), also als sinnliche und leidenschaftliche Tragödienheldin, vervollständigen die Vorzüge.

Andererseits betrachtete Schiller die Form des Gerichtsdramas als problematisch. Ein juristischer Prozess als Dramenhandlung beinhalte „eine Tendenz zur Trockenheit" (DüD, S. 378). Damit der Dramenbeginn den Zuschauer später nicht langweile, bemühte er sich um Anschaulichkeit. Dabei kostete es ihn einige Mühe, „der Phantasie eine Freiheit über die Geschichte zu verschaffen" (DüD, S. 379).

Im August 1799 war ein Drittel der Arbeit geschafft. Schiller ging es gesundheitlich wieder besser und er beschloss, in den folgenden Jahren nur noch Dramen zu schreiben und so oft wie möglich ins Theater zu gehen. Seine Dramenproduktionen waren ein einträgliches Geschäft, weil er von jedem Schauspielhaus, in dem seine Stücke aufgeführt wurden, Geld erhielt.

Im September 1799 war Schiller bis zur Begegnungsszene (III, 4) der beiden Königinnen angelangt. Als Goethe sich von Mitte September bis Mitte Oktober in Jena aufhielt, tauschten die beiden Dichter in abendlichen Gesprächen Ansichten über Kunst, Literatur und Philosophie aus und lasen auch gemeinsam den ersten und zweiten Akt der *Maria Stuart*. Gegen Ende des Jahres stockte dann allerdings die Arbeit, was vor allem daran lag, dass Schillers Frau Charlotte an Nervenfieber erkrankte und wochenlang von schlimmen Anfällen geplagt wurde. Nach Charlottes Genesung zogen die Schillers von Jena nach Weimar um, wo Schiller mit Goethe Mitte Dezember den dritten Akt besprach. Zu Anfang des Jahres **1800** nahm ihn die Beschäftigung mit einer Versbearbeitung von William Shakespeares *Macbeth* sowie der Druck von *Wallensteins Lager* fast völlig in Anspruch.

Anschließend wurde er vom Nervenfieber befallen, was ihn vier Wochen lang zur Untätigkeit verurteilte. Zwar nicht mehr bettlägerig, aber immer noch stark geschwächt, konnte Schiller erst Ende März weiterarbeiten. Im Mai endlich waren die ersten vier Akte fertig gestellt. Einige Tage später lud Schiller Gäste ein, um ihnen die bisher beendeten Akte vorzulesen.

Nach der Generalprobe von *Macbeth* zog sich Schiller Mitte Mai, nur in Begleitung eines Bediensteten, in die Abgeschiedenheit von Schloss Ettersburg zurück, einem Jagdschloss des Herzogs von Weimar. Dort fand am 29. Mai eine Leseprobe mit den Hauptdarstellern statt. Am 2. Juni kehrte Schiller zu seiner Familie zurück. Eine Woche später notierte er in seinem Kalender lapidar: „Maria Stuart geendigt." (DüD, S. 393)

3 Der geschichtliche Hintergrund

Die Regierungszeit von Elisabeth I.

Schillers Drama spielt während der englischen Renaissance, in der die Tudors in England herrschten. Maria Tudor, Tochter aus erster Ehe des englischen Herrschers Heinrich VIII., regierte seit 1553. Sie unternahm den Versuch, ihr Land, das unter ihrem Vater anglikanisch (protestantisch) geworden war, wieder zu rekatholisieren. Zu diesem Zweck ließ sie die Protestanten grausam verfolgen, was ihr den Beinamen „Bloody Mary" eintrug.

Nach Marias Tod gelangte im Jahre 1558 Elisabeth I. auf den Thron. Sie war die Tochter von Anna Boleyn, der zweiten Frau Heinrichs VIII., die 1536 wegen angeblichen Verrats hingerichtet worden war. Da nach katholischer Eheauffassung Heinrichs erste Ehe mit Katharina von Aragon, der Tochter des spanischen Königs, nicht aufgelöst war, galt Elisabeth aus katholischer Sicht als uneheliches Kind und als illegitime Herrscherin. Beim Volk war Elisabeth allerdings sehr beliebt, weil sie die Glaubenspolitik ihrer Schwester Maria Tudor beendete. Weltlich-humanistisch erzogen, war ihr religiöser Fanatismus fremd. Elisabeth erneuerte zwar die „Suprematsakte“, ein Parlamentsgesetz von 1534, das eine von Rom unabhängige anglikanische Nationalkirche mit dem König als Oberhaupt begründete; trotzdem verhielt sie sich gegenüber Anhängern des Katholizismus gemäßigt und kompromissbereit. Dem „Uniformitätsgesetz“, nach dem alle Engländer sich zu einer Glaubensrichtung bekennen sollten, wurde nicht mit Gewalt, sondern maßvoll durch den Einsatz von Strafzahlungen Geltung verschafft.

Elisabeths **Hauptanliegen** bestand in einer **stabilen Innenpolitik**. Dies gelang mithilfe ihres Ersten Ministers Baron Cecil, Lord Burleigh, der eine solide Finanzpolitik verfolgte. Unter Elisabeth I. kam es auch zu einer **Modernisierung des Staates**: So wurden etwa sozialpolitische Gesetze verabschiedet, die die Ausbildung der Lehrlinge und die Armenfürsorge verbessern halfen.

Elisabeth I.; das Ditchley Porträt von Marcus Gheeraerts d. J., um 1592

Ein **Dauerproblem** von Elisabeths Herrschaft war allerdings die **Nachfolgefrage**. Sie beabsichtigte, unverheiratet zu bleiben. Auch das Heiratsansinnen des spanischen Königs Philipp II. lehnte sie ab. Zwischen dem katholischen Spanien und dem anglikanischen England kam es zu außenpolitischen Spannungen, die schließlich in einen Seekrieg beider Mächte mündeten.

Ein Ereignis, das Innen- und Außenpolitik miteinander verquickte, führte zur drastischen Bedrohung von Elisabeths Herrschaft: 1568 floh die schottische Königin **Maria Stuart** nach

England, nachdem sie durch einen Staatsstreich calvinistischer (ultraprotestantischer) Adliger gestürzt worden war. Elisabeth konnte unmöglich einer Katholikin, die zudem als Ehebrecherin verschrien war, wieder auf ihren Thron zurückverhelfen. So ließ sie Maria gefangen setzen. Dennoch wurde Maria Stuart in der Folgezeit Ausgangspunkt von umstürzlerischen Plänen, die die Rekatholisierung Englands zum Ziel hatten.

Auch die Heilige Römische Kirche unterstützte diese Pläne. 1570 wurde Elisabeth von Papst Pius V. exkommuniziert. Lange widersetzte sich Elisabeth der Forderung des Parlaments, die gefangen gehaltene Maria Stuart wegen Staatsverrats zu verurteilen. 1586 jedoch unterschrieb sie das Todesurteil, das im Februar 1587 vollstreckt wurde. Danach bekannte Elisabeth, dass sie die Hinrichtung nicht gewollt habe.

Elisabeth ging als erfolgreiche Königin in die Geschichte ein. Unter ihrer Regierung wurde England nicht nur außenpolitisch zur Weltmacht, sondern erlebte auch eine Zeit kultureller Blüte.

Maria Stuart

Maria Stuart wurde im Jahre 1542 als Tochter des schottischen Königs Jakob V. geboren. Sie **wuchs in Frankreich auf**, weil ihr Vater mit dem katholischen Frankreich ein Bündnis gegen das England Heinrichs VIII. eingegangen war. In Frankreich heiratete die noch minderjährige Maria den französischen Thronfolger, Franz II., der zwei Jahre später starb. Die junge Witwe kehrte **1561 nach Schottland zurück**, das seit Jahren politisch gärte.

Die Reformation breitete sich auch in Schottland aus und spaltete das Land. Unterstützt von der Mehrheit des Adels gründete der Kalvinist John Knox die presbyterianische Church of Scotland. Sie wurde 1560 vom Parlament zur Staatskirche erklärt. Seitdem war Schottland eine Art Adelsrepublik, weshalb Maria Stuart einen schweren Regierungsstart hatte. Ihr Interesse galt allerdings nicht so sehr der Glaubensfrage als vielmehr ihrem

Anspruch auf den englischen Thron, den sie als Urenkelin Heinrichs VII. für sich reklamierte. Sie wollte zwar die amtierende englische Königin Elisabeth I. nicht verdrängen, beanspruchte jedoch, deren Nachfolgerin zu werden. In Schottland nahmen bald die Auseinandersetzungen mit dem protestantischen Adel zu. Schwierig wurde Marias Lage, als sich auch ihr protestantischer Halbbruder, der Graf von Moray, der sie bis dahin in den Regierungsgeschäften unterstützt hatte, von ihr abwendete.

1565 heiratete Maria ihren katholischen **Vetter Lord Darnley**, welcher sie bei ihrer gegenreformatorischen Politik unterstützen sollte. Darüber hinaus verbündete sie sich mit Spanien, suchte die Nähe zum Papst und arbeitete mit dem katholischen Grafen Bothwell zusammen. Die protestantischen Adligen unternahmen daraufhin einen **Staatsstreich**, in welchem Lord Darnley eine undurchsichtige Rolle spielte.

Maria Stuart im weißen Trauergewand (en deuil blanc) nach dem Tode von Franz II. (Schule von François Clouet)

Maria musste fliehen, konnte aber die Aufständischen wieder vertreiben und mit der Hilfe des Grafen **Bothwell** weiterregieren, dem Kopf der antienglischen Fraktion des schottischen Adels. Als Darnley im Jahr 1567 bei einer Explosion ums Leben kam, verdächtigte man Bothwell des Mordes. Er wurde aber freigesprochen.

Es ist und bleibt wohl weiterhin umstritten, ob Maria mitschuldig an der **Ermordung ihres Mannes** war. Dass sie Bothwell nur drei Monate nach der Ermordung ihres Mannes heiratete, wurde jedenfalls als Skandal empfunden. Der empörte Adel drängte Maria zur Abdankung und sie musste ihrem erst einjährigen Sohn Jakob die Herrschaft übergeben, für den der Graf von Moray die Regierungsgeschäfte leitete. Maria Stuart floh **nach England** und hoffte, dass Elisabeth ihr aus einem dynastischen Zusammengehörigkeitsgefühl heraus – immerhin waren die beiden Königinnen Cousinen – beistehen würde. Doch Maria wurde sofort unter **strengen Arrest** gestellt. Um ihre katholischen Gegner nicht zu stärken, konnte Elisabeth die Widersacherin weder nach Schottland zurückbringen noch nach Frankreich ausweisen lassen.

1572 wurde eine Verschwörung aufgedeckt, die das Ziel verfolgt hatte, Maria zu befreien. Das englische Parlament forderte, Maria wegen Staatsverrats den Prozess zu machen. Zunächst wurden Marias Haftbedingungen und die Maßnahmen zu ihrer Überwachung verschärft. Dabei wies man Maria Verbindungen zu einer Verschwörergruppe nach, die Elisabeths Ermordung geplant hatte. Der Kopf der Gruppe von jungen Katholiken war Antony Babington (vgl. V. 3714). Er und seine Gefolgsleute wurden verurteilt und hingerichtet. Das Beweismaterial, ein Briefwechsel Marias mit Babington, war erdrückend. Maria, die zu diesem Zeitpunkt seit achtzehn Jahren in unterschiedlichen Schlössern gefangen war, wurde im September 1586 im Schloss zu Fotheringhay inhaftiert, wo sie bis zu ihrer **Hinrichtung** im Jahr **1587** blieb. Nach ihrem Tod wurde Maria Stuart in Teilen des katholischen Europa als Märtyrerin verehrt.

Inhaltsangabe

Erster Aufzug

Erster Auftritt

Der Ritter Paulet, der die inhaftierte Maria Stuart bewacht, ist mit einem Gehilfen in das Gefängniszimmer im Schloss zu Fotheringhay eingetreten. Es kommt zu einem Streit zwischen ihm und der aufgebrachten Amme Marias, Hanna Kennedy.

Paulet argwöhnt einen Ausbruchsversuch, weil der Gärtner mit Schmuck bestochen wurde. Er lässt nach weiterem Schmuck und nach versteckten Briefen suchen. Tatsächlich findet er ein kostbares Stirnband. In einer hitzigen Wechselrede mit Kennedy macht Paulet deutlich, weshalb sein Misstrauen gegenüber Maria so groß ist: Er glaubt, dass sie, aufgrund ihrer lasterhaften Jugend am französischen Hof und weil sie ihren Ehemann habe umbringen lassen, zu jeder List fähig ist. Kennedy ihrerseits hebt die ungesetzliche Behandlung ihrer Herrin durch den englischen Staat hervor.

Zweiter Auftritt

Im Gegensatz zu ihrer Amme macht Maria zunächst einen recht gefassten Eindruck. Sie bittet Paulet, Elisabeth einen Brief zu überbringen, der ihren Wunsch nach einem persönlichen Gespräch beider Königinnen enthält.

Als Paulet ihre Bitte ausschlägt, einen katholischen Priester zu holen, wird Maria erregter. Sie beklagt sich darüber, dass sie über ihre Verurteilung im Ungewissen gehalten werde und möchte wissen, ob der Prozess gegen sie bereits entschieden sei.

Dritter Auftritt

Paulets Neffe Mortimer, gerade von einer Reise nach Frankreich zurückgekehrt, kommt ins Zimmer und teilt seinem Onkel mit, dass man nach ihm verlange. Maria versucht erneut, Informationen über den Prozess gegen sie einzuholen. Paulet warnt Maria davor, in Mortimer einen Verbündeten zu suchen.

Vierter Auftritt

In einem vertraulichen Gespräch mit Kennedy äußert Maria, was sie bedrückt: Der Mord an ihrem zweiten Ehemann, Henry Stuart (Lord Darnley), lastet schwer auf ihrem Gewissen. Ihre Schuld umschreibt sie in blutrünstigen Bildern. Kennedy möchte, dass Maria diese Tat endlich hinter sich lasse. Sie sei aus übermäßiger Leidenschaft blind gewesen und habe sich von ihrem dritten Mann, dem Grafen Bothwell, dazu verleiten lassen. Zurückzuführen sei ihre weibliche Schwachheit auf ihre Kindheit, die sie am französischen Hof verbrachte. Doch seither habe sie sich nichts mehr zu Schulden kommen lassen.

Fünfter und sechster Auftritt

Mortimer tritt ein und möchte Maria allein sprechen. Er gibt sich als Beauftragter von Marias Onkel, dem Kardinal von Lothringen, und somit als ihr Retter zu erkennen. Eindringlich schildert er, wie er sich während seiner Aufenthalte in Frankreich und Italien vom protestantischen Glauben abgewandt habe und ein überzeugter Anhänger des Katholizismus geworden sei.

Daneben bringt er seine glühende Verehrung für Maria zum Ausdruck und preist ihre Schönheit und edle Herkunft. Er unterstreicht ihre Ansprüche auf die englische Krone und bezeichnet sie als unschuldig Gefangene.

Von Mortimer erfährt Marias auch von ihrer Verurteilung durch die englischen Richter. Mortimer versucht ihr klar zu machen, dass Elisabeth sich erst sicher fühlen werde, wenn ihre

Kontrahentin tot sei. Maria selbst fürchtet einen Mordanschlag. Mortimer berichtet von einem Befreiungsplan: Maria steht dem skeptisch gegenüber. Sie setzt auf ihre Befreiung durch ihren Vertrauten Graf Leicester und gibt Mortimer ein Schreiben für diesen mit. Mortimer nimmt den Auftrag zwar an, verhehlt aber seine Abneigung gegen den Günstling Elisabeths nicht.

Siebenter Auftritt

Baron von Burleigh überbringt als Abgesandter des obersten Gerichtshofes das Todesurteil. Maria entfacht ein Streitgespräch, in dem sie scharf juristisch argumentierend die Unrechtmäßigkeit des Prozesses darlegt: Die englische Gerichtsbarkeit verfüge über keinerlei Befugnis, über sie zu urteilen, da dies nur gleichrangigen Würdenträgern zustehe. Überdies habe sie die Anklagepunkte niemals anerkannt.

Auf Marias Vorwurf, die englischen Richter seien ihr nicht ebenbürtig, reagiert der Großschatzmeister aufgebracht. Maria bezichtigt daraufhin die Richter der Befangenheit; als Protestanten und Briten seien sie einer schottischen Katholikin feindlich gesinnt. Sie weist Burleigh auf weitere Mängel des Gerichtsverfahrens hin: Das Gesetz zu ihrer Verurteilung sei eigens für sie gemacht worden; die Dokumente, die ihre Schuld beweisen sollten, seien gefälscht; entgegen den Landesgesetzen gewähre man ihr nicht die Gegenüberstellung mit den sie belastenden Zeugen. Zuletzt klagt Maria Elisabeth an: Diese beabsichtige sie aus reiner Machtbesessenheit zu töten und sich zugleich mit dem Schein von Gerechtigkeit und Tugend zu umgeben.

Achter Auftritt

Burleigh nimmt die mutige Gegenargumentation Marias mit Verwunderung auf. Paulets Vorschlag, man möge Maria doch die Verschwörer gegen Elisabeth, Babington und Tichburn, sowie Marias Schreiber gegenüberstellen, weist Burleigh mit dem Hinweis zurück, Maria könne die beiden im Gespräch beeinflussen und zu einer für sie vorteilhaften Aussage bewegen.

Burleigh deutet an, dass Maria am besten noch vor der offiziellen Hinrichtung in ihrer Zelle ermordet werden solle und möchte Paulet mit diesem Mord beauftragen. Voller Empörung lehnt der Ritter dieses Ansinnen ab.

Zweiter Aufzug

Erster Auftritt

Der Graf von Kent ist gerade von Festlichkeiten zu Ehren der französischen Delegation zurückgekehrt, die die geplante Hochzeit Elisabeths mit dem französischen Herzog Franz von Anjou vorbereiten soll. Staatssekretär Davison kennt den hartnäckigen Charakter seiner Königin und bezweifelt, ob sie sich wirklich zu einer Heirat bewegen lässt.

Zweiter Auftritt

Zwei französische Diplomaten bitten Elisabeth, auf das Heiratsangebot des Herzogs von Anjou einzugehen. Diese allerdings will sich keinem Mann unterordnen und lieber unverheiratet bleiben. Sie beklagt, wie eine bürgerliche Frau eine Pflichtehe eingehen zu sollen.

Dritter Auftritt

Im Staatsrat holt Elisabeth die Meinung ihrer Berater darüber ein, ob sie nach der gerichtlichen Verurteilung Marias deren Todesurteil unterzeichnen solle. Burleigh verfolgt bedingungslos die Interessen Englands. Er versucht die Königin von der Gefährlichkeit Marias zu überzeugen und malt die Gefahr eines katholischen Umsturzkomplotts anschaulich aus. Ohne Umschweife fordert er den Tod Marias.

Dagegen weist Georg Talbot, der Graf von Shrewsbury, Elisabeth auf die juristische Zweifelhaftigkeit des Verfahrens gegen Maria Stuart hin und versucht, sie mit dem Hinweis darauf milde zu stimmen, dass eine Frau nicht herrschaftliche Strenge walten lassen dürfe. Als er gar um Barmherzigkeit für Maria bittet, vermutet Elisabeth, Talbot habe sich von deren weiblichen Reizen umgarnen lassen.

Der dritte Berater, der Graf von Leicester, spricht sich wie Shrewsbury gegen die Hinrichtung Marias aus, obwohl er als Mitglied des Gerichts für ihren Tod gestimmt hat. Er argumentiert, Maria sei durch ihre Vertreibung aus Schottland bereits entmachtet und stelle keine Gefahr dar. Außerdem sei Elisabeth von Heinrich VIII. als legitime Erbfolgerin in seinem Testament benannt worden. Leicester schmeichelt Elisabeth. Damit Maria nicht zur Märtyrerin werde, empfiehlt Leicester, das Todesurteil zwar aufrechtzuerhalten, aber es nicht zu vollstrecken, solange es zu keinem bewaffneten Befreiungsversuch komme.

Vierter Auftritt

Der Ritter Paulet führt seinen Neffen Mortimer bei Elisabeth ein. Mortimer gibt sich unterwürfig und berichtet von seinen Reisen. Elisabeth registriert misstrauisch seinen Glaubenswandel vom Protestanten zum Katholiken. Mortimer erklärt daraufhin, dass dieser bloße Tarnung sei.

Paulet überreicht Elisabeth das Schreiben Marias. Burleigh warnt davor, Marias Wunsch nach einer persönlichen Aussprache stattzugeben, weil das Urteil nach einem solchen Treffen der Verurteilten mit der Königin, deren Gegenwart Gnade verheiße, nicht mehr vollstreckt werden könne.

Elisabeth aber scheint vom Schicksal ihrer Rivalin gerührt. Shrewsbury drängt sie daraufhin, Maria zu begnadigen. Leicester wiederum hebt die souveräne Entscheidung Elisabeths hervor, die keines Rates bedürfe. Diese schickt ihre Berater fort.

Fünfter Auftritt

Elisabeth befiehlt allein Mortimer, zu bleiben. Sie schmeichelt ihm, um ihn für den Mord an Maria zu gewinnen. Damit wird deutlich, dass sie sich innerlich bereits entschieden hat, Maria umbringen zu lassen. Sie möchte jedoch nicht öffentlich für deren Tod verantwortlich sein. Mortimer gibt vor, den Auftrag anzunehmen.

Sechster Auftritt

In einem Monolog spricht Mortimer seine Empörung über Elisabeths Ansinnen aus. Ihn erzürnt ihre heuchlerische Haltung. Marias Liebreiz lockt ihn weit mehr als alle Angebote Elisabeths.

Siebenter Auftritt

Mortimer trifft auf seinen Onkel Paulet, der ihn vor dem Hofleben warnt und an sein Gewissen appelliert. Er vermutet richtig, dass Elisabeth Mortimer – wie kurz zuvor Burleigh ihn selbst – mit dem Mord an Maria zu beauftragen versucht hat. Als Leicester erscheint, geht Paulet.

Achter Auftritt

Leicester und Mortimer begegnen sich zunächst mit Misstrauen. Mortimer überreicht den Brief und das Bild Marias. Leicester küsst das Bild, woraufhin Mortimer ihm zu vertrauen beginnt. Der Graf offenbart Mortimer, weshalb er Elisabeth hasse und Maria liebe: Maria war ihm einst als Braut zugedacht, heiratete dann jedoch Lord Darnley, als er aus Ehrgeiz Elisabeth umwarb. Diese hielt ihn jahrelang hin und Leicester hatte viel unter ihrer Eigensinnigkeit zu leiden. Jetzt fühle er sich wieder zu Maria hingezogen, an deren fürchterlicher Lage er sich freimütig mitschuldig bekennt. Für Marias Tod habe er lediglich deshalb seine Stimme gegeben, um Zeit für einen Rettungsplan zu gewinnen. Mortimer enthüllt nun seinen Plan zur Befreiung Marias, der

Leicester als zu tollkühn erscheint. Leicester möchte Mortimer von dem Plan abhalten, der vereitelt werden könnte. Mortimer wirft ihm daraufhin vor, nichts unternehmen zu wollen, und berichtet von Elisabeths Mordplänen. Leicester sieht darin eine Chance, Zeit zu gewinnen. Er will versuchen, eine Begegnung der beiden Königinnen herbeizuführen.

Neunter Auftritt

Elisabeth tritt ein. Leicester fängt sich rasch und umgarnt die Königin mit schönen Worten. Während sie darüber sinniert, weshalb Maria so stark auf Männer wirke, versucht Leicester sie zu einem Treffen mit der Rivalin zu bewegen. Er gibt sich davon überzeugt, dass Maria beim Anblick von Elisabeths Schönheit vor Neid erblassen werde.

Elisabeth erklärt sich endlich bereit und stellt ihre Einwilligung als Gunstbeweis gegenüber ihrem Favoriten hin. Erweist sich das Treffen als Torheit, soll gleichwohl Leicester die Verantwortung dafür tragen.

Dritter Aufzug

Erster Auftritt

Nach jahrelanger Gefangenschaft hat Maria zum ersten Mal die Erlaubnis erhalten, in den Park gehen. Sie genießt diese halbe Freiheit und schwelgt in der Hoffnung, dies sei der Anfang ihrer gänzlichen Befreiung. Ihre Amme Kennedy bleibt skeptisch.

Zweiter Auftritt

Paulet erscheint und teilt Maria mit, dass ihr Brief nicht nur den Gang durch den Park erwirkt habe, sondern dass sie hier auf Elisabeth treffen werde, die sich zur Jagd in der Nähe aufhalte. Maria verliert für einen Moment die Nerven.

Dritter Auftritt

Shrewsbury tritt hinzu und beschwört Maria, in dieser entscheidenden Situation die Fassung zu bewahren und sich vor Elisabeth zu demütigen, damit diese sie begnadigt.

Vierter Auftritt

Elisabeth erscheint mit Gefolge. Sie gibt vor, nicht zu wissen, wo sie sich befindet und wem sie gegenübertritt. Maria registriert sofort Elisabeths betont geringschätziges Verhalten ihr gegenüber, zwingt sich aber zur Mäßigung. Demütig kniet sie vor Elisabeth nieder, entsagt ihrem Anspruch auf den Thron Englands und erbittet ihre Begnadigung. Elisabeth jedoch reagiert mit Kälte und Anschuldigungen. Als sie auf den Gattenmord Marias anspielt, gerät diese außer sich. Shrewsbury kann nicht verhindern, dass Maria ihre Kontrahentin einen „Bastard“ nennt, der unrechtmäßig Königin von England geworden sei.

Fünfter Auftritt

Kennedy ist entsetzt über Marias Verhalten, die sich nach langer Zeit der Erniedrigung jedoch als moralische Siegerin fühlt.

Sechster Auftritt

Mortimer kommt hinzu und spricht Maria seine Bewunderung aus. Leicester nennt er einen Feigling und verrät ihr seinen eigenen Befreiungsplan, bei dem er auch den Tod seines Onkels in Kauf nimmt. Er gesteht Maria seine leidenschaftliche Liebe und bedrängt sie mit Gewalt. Maria kann sich aus seiner Umarmung befreien, als ihre Amme auftaucht und Bewaffnete ankündigt.

Siebenter Auftritt

Paulet stürzt herein und berichtet, Elisabeth sei Opfer eines Anschlags geworden. Er drängt auf Marias erneute Inhaftierung.

Achter Auftritt

Okelly, ein Freund und Mitverschwörer Mortimers, klärt diesen über den fehlgeschlagenen Mordversuch an der Königin auf. Shrewsbury habe den Anschlag vereiteln können. Mortimer rät seinem Freund zur Flucht.

Vierter Aufzug

Erster Auftritt

Der französische Gesandte Aubespine erkundigt sich nach Elisabeths Zustand nach dem Anschlag, für den ein französischer Anhänger des Papstes verantwortlich gemacht wird.

Zweiter Auftritt

Burleigh drängt auf die Abfassung und Unterzeichnung des Hinrichtungsbefehls für Maria. Aubespine bezichtigt er der Mitwisserschaft am Attentat und will ihn des Landes verweisen lassen.

Dritter Auftritt

Burleigh gibt Leicester zu verstehen, dass er um dessen Komplizenschaft mit Maria weiß. Leicester verlangt, dass Burleigh im Beisein von Elisabeth seine Anschuldigungen wiederholen solle.

Vierter Auftritt

Leicester erkennt, dass sein doppeltes Spiel durchschaut ist und fürchtet, letzten Endes sogar für das Mordkomplott verantwortlich gemacht zu werden. Mortimer taucht auf und will ihn warnen, weil ein an ihn gerichteter Brief von Maria gefunden worden ist. Leicester liefert daraufhin Mortimer den Wachen aus und denunziert ihn als Staatsverräter. Dieser leistet Widerstand gegen seine Verhaftung, verflucht Elisabeth und erdolcht sich schließlich.

Fünfter Auftritt

Burleigh hat Elisabeth den verräterischen Brief Marias an Leicester überreicht. Die Königin ist außer sich vor Zorn und lässt ihrem Hassgefühl gegen Maria und Leicester freien Lauf. Maria soll hingerichtet, Leicester bestraft werden. Burleigh sieht voraus, dass Leicester alles daran setzen wird, sich vor Elisabeth zu rechtfertigen. Er weiß, dass Elisabeth insgeheim wohl hofft, Leicester unschuldig zu finden.

Sechster Auftritt

Mit gespielter Selbstsicherheit tritt Leicester vor die Königin und verlangt, sie möge ihn unter vier Augen anhören. Elisabeth befiehlt Burleigh jedoch zu bleiben. Mit dem Brief Marias konfrontiert, gibt Leicester vor, er habe Marias Pläne erkunden wollen. Dabei verspottet er Burleighs Maßnahmen als unwirksam gegen die Verschwörung um Maria. Er bezeichnet Mortimer als den Kopf der Verschwörer. Durch dessen Festnahme habe er den Befreiungsplan vereitelt.

Um seine Loyalität gegenüber Elisabeth zu beweisen, fordert Leicester nun selbst Marias Tod. Burleigh, der Leicester nach wie vor misstraut, verlangt, Leicester solle zum Beweis seiner Treue selbst für die Vollstreckung des Todesurteils sorgen.

Siebenter Auftritt

Der Graf von Kent tritt hinzu und meldet Aufruhr in den Straßen von London. Das Volk habe erfahren, dass Elisabeth von Mördern aus den Reihen der Papstanhänger bedroht sei und wünsche die Enthauptung Marias Stuarts.

Achter Auftritt

Staatssekretär Davison überbringt Elisabeth die Hinrichtungsurkunde zur Unterzeichnung. Aus Furcht vor der Wankelmütigkeit des Volkes, das im Augenblick den Tod ihrer Widersacherin fordere, aber wohl nach der Hinrichtung darüber erzürnt sein werde, zögert Elisabeth mit der Unterschrift.

Neunter Auftritt

Shrewsbury stürzt herein, um Elisabeth davon abzuhalten, dem Druck der Straße nachzugeben. Im Gegenzug malt Burleigh ihr das Schreckgespenst einer neuen katholischen Herrschaft in England aus. Beschwert von der Last der Verantwortung, hin- und hergerissen zwischen den gegensätzlichen Positionen der beiden Berater, bittet sie beide zu gehen, damit sie alleine eine Entscheidung treffen kann.

Zehnter Auftritt

Elisabeth denkt über ihre Situation nach. Sie fühlt sich unfrei und dem Willen ihres Volkes unterworfen. Die Gerechtigkeit, die man ihr zuschreibt, hält sie für eine bloß gespielte Tugend, die ihr von außen aufgezwungen wird.

Außenpolitisch sieht sich Elisabeth von den katholischen Ländern bedroht; die Franzosen betrachtet sie als Verräter.

Vor allem aber will sie nicht hinnehmen, dass ihr Liebhaber Leicester sich zu ihrer Feindin Maria hingezogen fühlt. Auch kann sie ihre Beschimpfung durch Maria Stuart während des Zusammentreffens im Park von Fotheringhay nicht vergessen. Hasserfüllt unterschreibt sie schließlich schnell das Todesurteil.

Elfter Auftritt

Staatssekretär Davison tritt ein und berichtet, dass Shrewsbury das Volk hat beruhigen können. Elisabeth übergibt ihm die unterschriebene Urkunde. Der überraschte Davison versucht ihr klar zu machen, dass sie nun die Verantwortung für Marias Tod tragen müsse. Elisabeth will allerdings nicht für die Folgen ihrer Unterschrift einstehen und bürdet Davison die Verantwortung auf, indem sie ihn mit unklaren Anweisungen stehen lässt.

Zwölfter Auftritt

Davison ist verzweifelt und weiß nicht, was er tun soll. Burleigh erscheint, entreißt ihm kurzerhand die Urkunde und eilt davon, um das Urteil vollstrecken zu lassen.

Fünfter Aufzug

Erster Auftritt

Marias Gefängnis im Schloss zu Fotheringhay wird mit königlicher Pracht ausgestattet. Maria Stuart darf sich vor ihrer Hinrichtung ein letztes Mal als Königin fühlen. Sogar ihr Haushofmeister Melvil erscheint zum Abschied. Die Amme Kennedy schwärmt in Trauer und Verzweiflung von Marias Edelmut, die mit Fassung ihr schreckliches Los ertrage. Sie berichtet Melvil von ihren Hoffnungen auf Freiheit, die sich aber nicht erfüllt haben.

Zweiter Auftritt

Marias Kammerfrau Kurl offenbart im Gespräch mit Melvil, dass ihr Mann eine Falschaussage gegen Maria abgelegt hat, die bei Marias Verurteilung von entscheidendem Gewicht war. Wegen dieses Verrats verflucht Margareta Kurl ihren Mann.

Dritter Auftritt

Marias Leibarzt Burgoyn kommt herein und verlangt nach einem Becher Wein für Maria, damit sie sich stärken könne.

Vierter Auftritt

Zwei Kammerfrauen freuen sich, Melvil wiederzusehen. Beide sind von Maria gebeten worden, sie allein zu lassen, da sie noch einmal beten wolle.

Fünfter Auftritt

Die mit dem Becher Wein zurückkehrende Kurl beschreibt voller Entsetzen den Raum, der als Hinrichtungsstätte hergerichtet worden ist.

Sechster Auftritt

Maria, festlich religiös gekleidet, tritt gefasst in den Kreis ihrer Bediensteten. Kurz vor ihrem Tod spürt sie noch einmal ihre königliche Würde. Sie bittet Melvil, der wieder nach Frankreich zurückkehren wird, ihren Verwandten dort ihre Grüße auszurichten. Danach verteilt sie ihre gesamten Besitztümer unter ihrer Dienerschaft und verabschiedet sich von allen einzeln.

Siebenter Auftritt

Maria möchte vor Melvil ihre Seele erleichtern und beichten. Auf ihren Wunsch hin, ihre Beichte vor einem katholischen Priester abzulegen, entdeckt ihr Melvil, dass er sich zum Priester hat weihen lassen. Maria kniet vor ihm nieder und beichtet ihre Sünden. Sie gesteht ihren Hass gegenüber Elisabeth, ihre Liebe zu Leicester, ihre Beteiligung am Mord gegen ihren Ehemann und ihre Verführbarkeit durch dessen Mörder. Für ihre Bluttaten erbittet sie Gnade. Sie versichert auf Melvils Nachfrage hin, dass sie mit dem Umsturzkomplott gegen die englische Königin, für den sie verurteilt worden ist, nichts zu tun habe. Sie möchte aber das ungerechte Urteil hinnehmen, um als fromme Gläubige auf diese Weise ihre früheren Taten zu verbüßen. Melvil feiert mit ihr das Abendmahl, woraufhin Maria geläutert die Hinrichtung erwartet.

Achter Auftritt

Burleigh erkundigt sich nach den letzten Wünschen Marias. Sie bittet, ihren testamentarischen Verfügungen gemäß ihre Diener nach Schottland oder Frankreich ausreisen zu lassen und entschuldigt sich für ihren heftigen Gefühlsausbruch gegenüber Elisabeth. Den ebenfalls anwesenden Paulet ersucht sie um Nachsicht für all die Schwierigkeiten, die sie ihm gemacht habe.

Neunter Auftritt

Maria wird zur Hinrichtung geführt. Sie bittet Burleigh um die Erlaubnis, dass ihre Amme sie auf das Schafott begleiten dürfe, was dieser auf Paulets Zuspruch hin zulässt, obwohl es gegen die Vorschriften ist. Als Maria Leicester erblickt, versagen ihr kurz die Kräfte. Leicester fängt sie in seinen Armen auf. Sie beklagt seinen Verrat und lässt ihn dann stehen.

Zehnter Auftritt

Leicester bleibt allein zurück. Obwohl er eigentlich fühllos bleiben wollte, empfindet er Scham und Gewissensbisse. Er zwingt sich, hinter verschlossener Tür auf die Geräusche der Hinrichtung zu lauschen. Zuletzt bricht er zusammen.

Elfter Auftritt

Elisabeth geht unruhig in ihrem Zimmer auf und ab. Aufgeregt erwartet sie die Nachricht von der Urteilsvollstreckung.

Zwölfter Auftritt

Ein Page meldet, dass Leicester und Burleigh die Stadt verlassen haben. Elisabeth sehnt die Nachricht von Marias Tod herbei und fürchtet sie zugleich. Sie nimmt sich vor, die Tote öffentlich zu beweinen, damit alle Welt sieht: Sie hat es nicht getan. Dann verlangt sie nach Davison und Shrewsbury.

Dreizehnter Auftritt

Shrewsbury kommt zu später Stunde zu Elisabeth und berichtet von seinem Besuch im Kerker des Towers von London, wo er die beiden Hauptzeugen im Prozess gegen Maria, Kurl und Nau, zu ihren Aussagen befragt hat. Kurl hat gestanden, vorsätzlich eine Falschaussage gemacht zu haben. Shrewsbury versucht, Elisabeth zu einer Wiederaufnahme der Untersuchungen zu bewegen. Zum Schein geht Elisabeth auf seinen Vorschlag ein, als wüsste sie noch gar nichts von Marias angesetzter Hinrichtung.

Vierzehnter Auftritt

Vom herbeizitierten Staatssekretär verlangt Elisabeth das unterschriebene Todesurteil zurück. Dieser muss aber gestehen, dass Burleigh die Urkunde bereits an sich genommen hat – von Elisabeth habe er ja keine klaren Befehle erhalten, wie mit der Urkunde zu verfahren sei. Die Königin stellt Davison als Schuldigen hin, woraufhin Shrewsbury fordert, Davison vor Gericht zu stellen.

Letzter Auftritt

Burleigh erscheint und verkündet die Vollstreckung des Todesurteils. In gespielter Entrüstung verbannt die Königin daraufhin ihren Großschatzmeister, der ohne ihre ausdrückliche Anweisung eigenmächtig gehandelt habe. Davison solle bis zu seiner Verurteilung im Tower eingekerkert werden.

Den Grafen von Shrewsbury bezeichnet Elisabeth als ihren gerechten Berater, den sie von nun an in allen Belangen anhören werde. Der jedoch missbilligt zutiefst Elisabeths unmoralisches Verhalten und legt mit dem Hinweis darauf, dass er zu alt sei und seine gerade Hand zu starr, um ihre neuen Taten zu versiegeln, seine Ämter nieder. Als Elisabeth erfährt, dass Leicester sich nach Frankreich abgesetzt hat, bleibt sie einsam zurück.

Textanalyse und Interpretation

1 Die Gattung der Tragödie

Der Begriff „Trauerspiel“, mit dem Schiller sein Drama im Untertitel kennzeichnet, ist gleichbedeutend mit dem der „Tragödie“. Die dramatische Gattung der Tragödie wurde neben der Komödie als Kunstform von den Griechen entwickelt. Wollte die griechische Komödie Lachlust und Heiterkeit hervorrufen, so führte die Tragödie bekannte Figuren aus mythologischen Geschichten vor, die sich in ein **leidvolles Schicksal** (Ehebruch, Inzest, Verrat, Mord) verstricken.

In Nachahmung von Dramen des römischen Philosophen und Dichters Seneca (4 v. Chr. – 65 n. Chr.) wurden ab Ende des 15. Jahrhunderts Tragödien geschrieben, in denen historische Helden in stoischer Weise leiden und – im christlichen Sinne – zu **Märtyrern** werden, indem sie gegenüber tyrannischen Herrschern ihren Glauben behaupten und dafür mit dem Leben bezahlen. An diese Gattungstradition knüpft Schiller an: Er lässt mit Maria Stuart eine **katholische Glaubensheldin** auftreten.

Darüber hinaus entwirft Schiller sein Drama als **Hofdrama** und siedelt die Handlung im höfischen Milieu an. Dabei hält er sich an die so genannte Ständeklausel, die die Darstellung von Königen, Fürsten und anderen hohen Standespersonen forderte. Die **Ständeklausel** geht auf die *Poetik* des griechischen Philosophen Aristoteles (384 – 322 v. Chr.) zurück, die erste dramentheoretische Abhandlung. In späteren Poetiken aus der Zeit der Renaissance und des Barock wurde die Ständeklausel mit der „**tragischen Fallhöhe**“ begründet: Das tragische Leiden eines Helden ergreift umso stärker, je tiefer er fallen kann.

Nach **Aristoteles** besteht die **Wirkung einer Tragödie** darin, **Furcht** (Schauder) und **Mitleid** (Jammer) zu erregen. Diese beiden extremen Emotionen sollen eine seelische Reinigung („**Katharsis**") des Zuschauers bewirken. Schiller beschreibt in eigenen theoretischen Schriften die **Möglichkeiten psychologischer Einwirkung** auf das Theaterpublikum. Er vertritt dabei die Vorstellung, dass das Empfinden von Mitleid nicht nur vom Gefühl, sondern auch vom Verstand ausgeht. Um beide Dimensionen des Mitleids anzusprechen, also Betroffenheit auf der einen Seite und Reflexion auf der anderen auszulösen, fordert er Tragödienhelden, die zum einen unter ihrem Unglück stark gefühlsmäßig leiden, gleichzeitig aber durch geistige Stärke und **moralische Unabhängigkeit** ihr Leiden beherrschen. Am Ende von Schillers Abhandlung *Vom Erhabenen* heißt es entsprechend: „*Erstlich* eine lebhafte Vorstellung des *Leidens,* um den mitleidenden Affekt in der gehörigen Stärke zu erregen. *Zweitens* eine Vorstellung des *Widerstandes* gegen das Leiden, um die innre Gemütsfreiheit ins Bewußtsein zu rufen." (FA 8, S. 421 f.).[2] Eine solche freie Willensentscheidung ist die Voraussetzung für die „moralische Selbständigkeit im Leiden" (FA 8, S. 422) der vorbildlichen Tragödienfigur. Das Theaterpublikum erlebt, dass geistige Unabhängigkeit selbst unter den Bedingungen physischen Leids möglich ist.

In *Maria Stuart* stellt Schiller seine Titelheldin als ambivalente Figur dar: Sie fühlt sinnlich und denkt moralisch. Der lang zurückliegende Mord an ihrem Ehemann Darnley belastet ihre Seele und macht sie, obwohl sie in England schuldlos angeklagt und verurteilt wird, gleichwohl zu einer Schuldigen. Nur der Tod bietet einen Ausweg aus diesem Konflikt. Seelische Größe beweist Maria, als sie sich am Ende ihres Wegs gefasst in ihr Schicksal fügt. Hier bietet sich ihr die Möglichkeit, ihr Gewissen vor einer höheren Instanz (Gott) zu entlasten.

2 Die Struktur des Dramas

Maria Stuart gilt als **Muster des klassischen Dramas**, das sich durch einen **symmetrischen Aufbau** in fünf Akten (Aufzügen) auszeichnet. Das **Fünf-Akte-Schema** (welches das griechische Drama noch nicht kannte und das erst in römischer Zeit von Seneca eingeführt worden war) wurde im 19. Jahrhundert von dem deutschen Schriftsteller Gustav Freytag (1816–1895) als Pyramide schematisiert. Dieses Modell hat große Verbreitung gefunden: In *Maria Stuart* gruppieren sich um den zentralen dritten Akt, der mit der Begegnung der zwei Königinnen Maria Stuart und Elisabeth I. den Höhepunkt der Spielhandlung bildet, hinführende und wegführende Akte. Im **Pyramidenmodell** (vgl. Abbildung S. 33) bilden die Akte I und II die aufsteigende, die Akte IV und V dagegen die absteigende Handlung.

Schiller wählte die **geschlossene Dramenform**, deren strenge Organisation der Auftritte (Szenen) dafür sorgt, dass die Handlung ohne größere Abschweifungen auf ein Ziel zuläuft. Das **Zieldrama** (auch „Entfaltungsdrama" genannt) entwickelt die Handlung nach dem Freytag'schen Modell und endet mit der Katastrophe, hier: mit dem Tod Marias.

Um das Drama auf die Darstellung der letzten drei Tage im Leben der schottischen Königin Maria Stuart zu konzentrieren und den Handlungsverlauf nicht durch häufige Ortswechsel und Zeitsprünge auseinanderzureißen, hielt sich Schiller an Theaternormen, die in Deutschland und Frankreich im 17. und 18. Jahrhundert aus der *Poetik* des Aristoteles abgeleitet wurden: die so genannten **„drei Einheiten"**, nämlich **der Handlung**, **des Ortes** und **der Zeit**. Die Einheit der Handlung gebietet, dass Personen nie unangekündigt auftreten und dass die Auftritte stringent und lückenlos miteinander verzahnt sind. Entsprechend verläuft in *Maria Stuart* die Haupthandlung innerhalb eines jeden Aktes geradlinig. Die Nebenhandlungen (Mortimers

Aufbau des Dramas

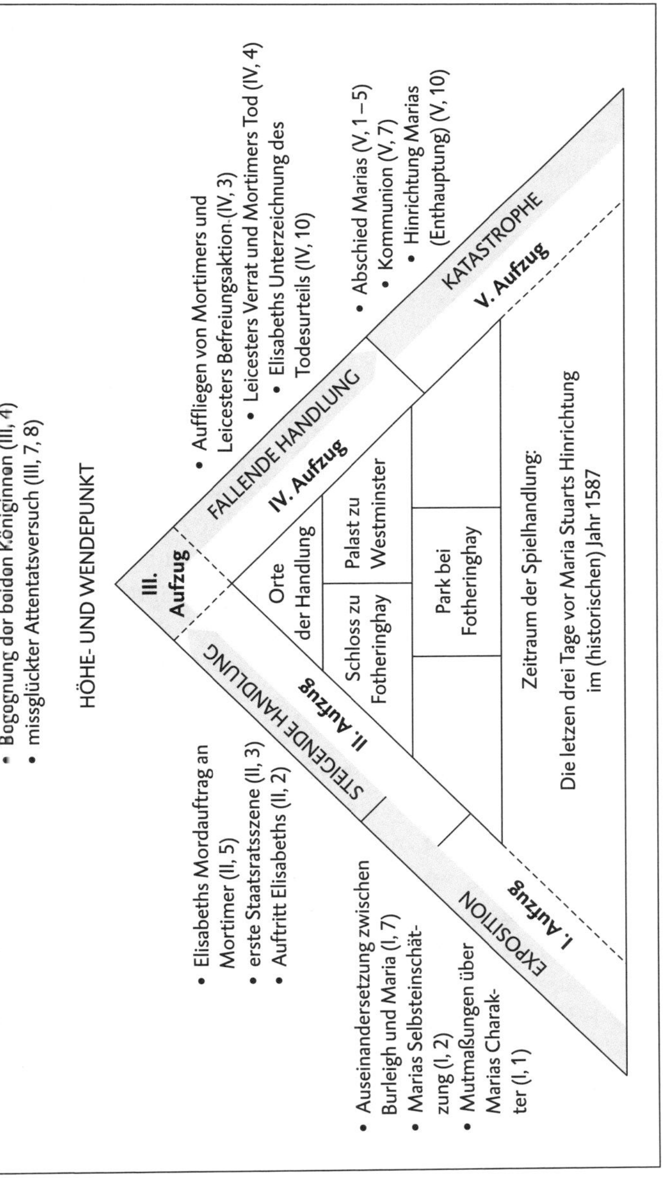

Befreiungs- und Attentatspläne; die von Burleigh und Elisabeth beabsichtigten Mordanschläge auf Maria) ordnen sich ganz der Haupthandlung unter.

Von der **Einheit des Ortes** weicht Schiller etwas ab, da er die Handlung auf drei Schauplätze verteilt.

Auch die **Einheit der Zeit** (im Regelfall 24 Stunden) erweitert Schiller um ein weniges. Gleichwohl gibt er eine äußerst gedrängte Darstellung von Maria Stuarts Sterben. Ihre Lebensgeschichte und die Vorgeschichte ihrer Hinrichtung enthüllt sich in den Erzählungen der handelnden Figuren.

Schiller erläutert selbst in einem Brief, warum ihm der Stoff des Prozesses gegen Maria Stuart für ein **Enthüllungsdrama** (analytisches Drama) geeignet erschien: „Besonders scheint er sich zu der Euripidischen Methode, welche in der vollständigsten Darstellung des Zustandes besteht, zu qualifizieren, denn ich sehe die Möglichkeit, den ganzen Gerichtsgang zugleich mit allem politischen auf die Seite zu bringen, und die Tragödie mit der Verurtheilung anzufangen." (an Goethe, 26. April 1799; DüD, S. 374) Der griechische Dramatiker **Euripides** (485/484–406 v. Chr.) hat in seinen Tragödien den Prolog (Vorrede) eingeführt, der die Vorgeschichte der Handlung liefert. Schiller verwendet zwar in *Maria Stuart* keinen Prolog, rollt aber dafür nach und nach die **Vorgeschichte der Handlung** auf. Er liefert durch seine Figuren nicht nur Informationen über Geschehnisse, die vor der aktuellen Spielhandlung stattgefunden haben, sondern lässt auch die Charaktere der Hauptfiguren erörtern, wodurch deren Handlungsweisen und Motive verständlich werden.

Schiller beabsichtigte, die Zuschauer gezielt „zwischen Furcht und Hofnung" zu belassen (an Goethe, 11. Juni 1799; DüD, S. 376). In den Nebenhandlungen sind verschiedene Möglichkeiten angelegt, wie Maria der Hinrichtung entgehen könnte. Letztlich erfüllt sich jedoch keine dieser Hoffnungen; das Wesen der Tragödie und die historische Wahrheit stehen dem entgegen.

Beschleunigende und verzögernde Ereignisse

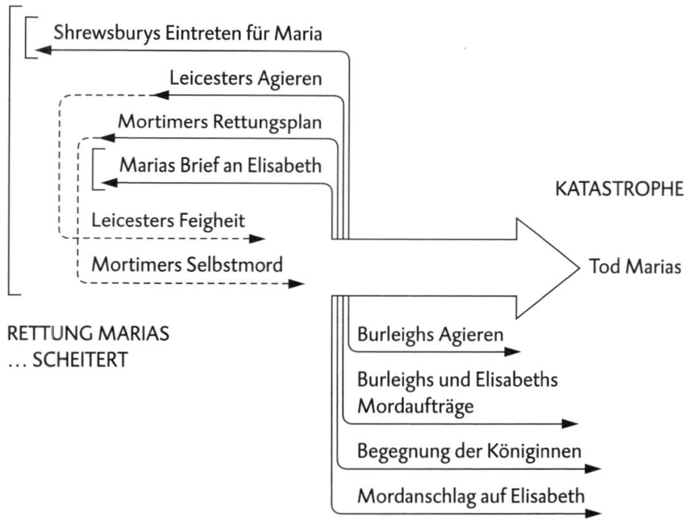

3 Die Funktion der einzelnen Akte

I. Aufzug

Der erste Aufzug (Akt) eines klassischen Dramas erfüllt die Funktion einer **Exposition**: Er soll den Leser bzw. den Zuschauer mit den Haupt- und Nebenfiguren vertraut machen, in den zentralen Konflikt einführen, dessen Hintergründe offen legen und überdies Spannung wecken.

Der gesamte erste Akt von *Maria Stuart* spielt in einem Zimmer im Schloss zu Fotheringhay, das Teil des Gefängnisses von Maria Stuart ist. Die Ausweglosigkeit ihrer Situation, ihre Ohnmacht, ihr Schicksal selbst zu gestalten, wird sogleich sinnfällig.

Die Exposition liefert darüber hinaus Hinweise zu Marias Leben und Taten. Dies geschieht in Form der so genannten verdeckten (berichteten) Handlung. Die Vorgeschichte des Prozesses wird in den ersten beiden Auftritten berichtet.

Für Spannung sorgen **zwei Nebenhandlungen**, die bereits im ersten Akt angelegt sind: die geplanten Befreiungsversuche von Anhängern Marias (Mortimer-Handlung) und die Mordpläne Burleighs (und später Elisabeths).

II. Aufzug

Der zweite Akt spielt im Palast zu Westminster. Strukturell gehört er noch zur Exposition, da sowohl die Geschehnisse am Hof Elisabeths und als auch deren Charaktereigenschaften dargestellt werden. Herausgearbeitet werden auch Elisabeths Hauptprobleme: zum einen ihr Neid auf die Wirkung, die Maria auf Männer ausübt, zum anderen ihre Angst vor der öffentlichen Meinung, die sie als tyrannische Herrscherin verurteilen könnte.

Zugleich ist der zweite Aufzug schon **Teil der ansteigenden Handlung**, da Marias Bittbrief sowie Shrewsburys und Leicesters Ratschläge zur Begegnung der beiden Königinnen im Folgeakt führen. Zudem entwickelt sich die Mortimer-Handlung weiter. Sein Hass auf Elisabeth bestärkt ihn in seinem Vorgehen.

III. Aufzug

Der dritte Akt nimmt die Spitze der Handlungspyramide ein: Der **Höhepunkt** ist erreicht, als Maria und Elisabeth aufeinander treffen. Als Ort des Geschehens hat Schiller die offene Gegend eines Parks gewählt, was den Ausnahmecharakter der Situation unterstreicht. Das **Rededuell** der beiden Protagonistinnen macht deutlich, dass zwischen ihnen keine Verständigung möglich ist.

Im dritten Akt vollzieht sich der **Umschlag der Handlung** ins Negative (Peripetie). Maria muss erkennen, dass ihre Situation aussichtslos ist. Das fehlschlagende Attentat auf Elisabeth lässt auch den Befreiungsversuch durch Mortimer scheitern.

IV. Aufzug

Dieser Akt hebt die Machtstellung von Elisabeths Staatsapparat hervor. Die ersten vier Auftritte spielen im Vorzimmer Elisabeths. Dramaturgisch der **fallenden Handlung** zuzurechnen, verdeutlicht der Aufzug, dass Maria nicht mehr zu retten sein wird. Burleigh verweist die französischen Gesandten des Landes und hat außerdem Leicesters Verbindungen zu Maria aufgedeckt. Die Szenen fünf bis zwölf spielen in Elisabeths Zimmer. Burleighs Agieren treibt die Haupthandlung voran und wirkt entsprechend als **progredierendes Element**. Die Nebenhandlung um Mortimer und Leicester, die beiden heimlichen Verehrer Marias, die bis dahin als **retardierendes Element** die Haupthandlung verzögerte, findet ein jähes Ende: Leicester versucht seinen Kopf aus der Schlinge zu ziehen und verrät Mortimer, der sich umbringt. Zuletzt unterschreibt Elisabeth das Todesurteil.

V. Aufzug

Die **Katastrophe** steht am Ende des klassisch gebauten Zieldramas. In *Maria Stuart* ist die fallende Handlung bereits im vierten Akt beendet; der fünfte Aufzug zeigt in einer Folge von kurzen Auftritten **Marias Vorbereitungen auf ihren Tod**. In den ersten zehn Szenen vollzieht sich die Verabschiedung Marias von ihrer gesamten Dienerschaft. Maria gibt die Beichte ab und erhält das katholische Abendmahl. Als seelisch Geläuterte findet sie sich mit ihrem Schicksal ab und akzeptiert ihren Tod als Sühne für ihre einstigen Verbrechen.

Die Schlussauftritte porträtieren in einem abschließenden Vergleich Elisabeth. Obwohl Elisabeth scheinbar über ihre Rivalin triumphiert, bleibt sie die moralische Verliererin. Die Verantwortung für den Tod Marias bürdet sie Burleigh und Davison auf. Der aufrechte Berater Shrewsbury wendet sich am Ende von ihr ab – genauso wie ihr doppelzüngiger Liebhaber Leicester, der sich nach Frankreich absetzt.

Dramaturgisch interessant macht den fünften Akt besonders der Einsatz der so genannten **Teichoskopie** (Mauerschau): Auf der Bühne schwer darzustellende Geschehnisse werden durch einen Augenzeugen geschildert. Schiller wandelt diese Theaterkonvention etwas ab, um Marias Hinrichtung aus der Perspektive Leicesters zu verfolgen: Dieser sieht zwar nicht ihre Enthauptung, wird aber sozusagen deren ‚Ohrenzeuge' (V, 10).

Auffallend sind zudem die ausführlichen einleitenden **Regieanweisungen** – zu Beginn des Aktes wie auch am Anfang vieler einzelner Auftritte. Sie heben die Reaktionen von Marias Dienern hervor, die voll Entsetzen dem Ende ihrer Herrin entgegensehen. Als ob Schiller nicht allein der emotionalen Wirkung der Figurenrede vertraut hätte, beschreibt er in den Regieanweisungen zusätzlich genauestens die körperliche und seelische Verzweiflung der Figuren: Erst muss sich Marias Kammerfrau Kurl zitternd an einem Stuhl festhalten, während sie das entsetzliche Hinrichtungsgerät schildert; dann zittert die eigentlich so gefasste Maria, als sie Leicester auf ihrem Weg zum Schafott sieht, und zwar so stark, dass ihr die Knie versagen; und zuletzt erlebt der Zuschauer, wie Leicester, der Marias Hinrichtung nicht ertragen kann, ohnmächtig zu Boden stürzt.

4 Charakteristik der Hauptfiguren

Maria Stuart

Der Charakter von Maria Stuart, der Titelfigur des Trauerspiels, wird gleich im ersten Auftritt von ihrer Amme Kennedy und dem Gefängniswärter Paulet kontrovers diskutiert. „Den Christus in der Hand, / Die Hoffart und die Weltlust in dem Herzen" (V. 142 f.), so lautet Paulets abschließendes Urteil.

Dass Paulets Vorwurf der „Weltlust" nicht überzogen ist, zeigt sich am inneren Konflikt Marias, den Schiller im Gespräch zwischen Maria und Hanna Kennedy (Szene I, 4) herausarbeitet. Schiller wollte Maria „als ein physisches Wesen" zeichnen, dessen Schicksal es sei, „nur heftige Passionen zu erfahren und zu entzünden" (Brief an Goethe vom18. Juni 1799; DüD, S. 377).

Marias seelischer Grundkonflikt beruht auf früherer Schuld: Sie war am Mord an ihrem Ehemann Darnley beteiligt und heiratete kurz darauf den Mörder Bothwell. So gilt sie ihren Feinden als Mörderin und Ehebrecherin sowie als anrüchige, liederliche Frau. Ohne Ausflüchte gesteht sich Maria die sie belastende Schuld ein. Ihre Amme versucht sie davon zu überzeugen, dass **ihre Blutschuld** „mit jahrelanger Reu" (V. 282) inzwischen abgebüßt sei. Seien ihre Taten auch die einer „Verlornen" (V. 358), so sei doch ihr Herz weich und „der Leichtsinn nur ist Euer Laster" (V. 362). Maria selbst nennt ihre Sinnlichkeit eine „Schwachheit" (V. 332), wegen der sie bisher von Männern abhängig gewesen sei.

Maria ist bemüht, ihre Situation mit Fassung zu tragen und in ihrem Glauben Stärke zu finden. Bei ihrem ersten Auftritt (I, 2) trägt sie einen „Schleier" und ein „Kruzifix". Von Paulet verlangt sie endlich Gewissheit über ihre Verurteilung und fordert, dass ihr ein katholischer Priester zugestanden werde, damit sie ihr Testament aufsetzen und sich auf ihren Tod vorbereiten könne.

Bereits zu Beginn des Dramas also scheint Maria selbst zu glauben, ihre Tage seien gezählt. Dennoch begehrt sie gegen ihre Zwangslage auf, weil sie den aus ihrer Sicht unrechtmäßigen Richterspruch nicht hinnehmen will. Von der Unnachgiebigkeit der Richter überzeugt, setzt Maria auf Elisabeths Gnade. Im Gespräch mit Mortimer (I, 6) versucht sie diesen von seinen Befreiungsplänen abzubringen: „Umsonst! Mich rettet nicht Gewalt, nicht List. / [...] Der freie Wille der Elisabeth allein / Kann sie [die Kerkertore] mir auftun." (V. 661, 665 f.) Nur Elisabeth darf über sie urteilen, weil sie ihres „Stammes, [...] / Geschlechts und Ranges" (S. 174 f.) ist. Nur ihr könne sie sich öffnen.

Doch schon im ersten Akt zeigt sich, dass Maria, die Gefangene Elisabeths, im Grunde auch nicht mit deren Gnade rechnet. Zu Burleigh sagt sie: „Ich bin die Schwache, sie die Mächt'ge – Wohl! / [...] Ermorden lassen kann sie mich, nicht richten!" (V. 961, 971)

Schiller rückt Marias Persönlichkeit in einen starken Kontrast zu derjenigen Elisabeths. Marias **Überlebenswille** und ihr aufbrausendes **Temperament** erwecken den Eindruck eines ehrlichen Charakters mit menschlichen Schwächen.

Mehr als die Furcht vor dem Henker quält Maria die Vorstellung, dass ein gedungener Mörder sie im Gefängnis umbringen könnte. Diese Furcht äußert sie sowohl gegenüber Paulet (I, 3) wie gegenüber Mortimer (I, 6).

Rettung erhofft sich Maria durch Leicester. Dies zeigt, dass sie sich zunächst, ungeachtet aller Reue und allem erklärten Misstrauen gegenüber Männern, nicht grundsätzlich zu wandeln vermag: Wie schon mehrfach setzt sie wieder auf einen Mann, und wieder lässt dieser sie letztlich im Stich.

Diesen Mangel an Menschenkenntnis, diesen Hang, sich Illusionen hinzugeben, wird sie nicht los. „Warum aus meinem süßen Wahn mich wecken?", fragt sie die Amme, als sie zu Beginn des dritten Aktes, im Park, von der Freiheit träumt (V. 2090).

Mangelnde Menschenkenntnis und ein ungezügeltes Temperamt stellt Maria auch bei der entscheidenden Begegnung mit Elisabeth unter Beweis. Bereits vor der Unterredung fühlt Maria „blut'gen Hass" (V. 2184). Gegen ihre Vorsätze und die Ermahnungen Shrewsburys gibt sie dem „ohnmächt'ge[n] Stolz der edeln Seele" nach (V. 2246) und behauptet sich ohne Rücksicht auf die Konsequenzen gegenüber Elisabeth. Hierin liegt ein heroischer Zug ihres Charakters, der positiv von dem berechnenden Wesen Leicesters, aber auch von der von Elisabeth geübten Kunst der Verstellung absticht. So wird die endgültige Niederlage im Kampf um ihr Leben zu einem moralischen Sieg.

Während Leicester Elisabeth gleicht, gleicht Mortimer Maria. Auch er ist von Hass und sinnlicher Liebe erfüllt, mutig und zu impulsiv. Maria erfährt kurz nach der Begegnung mit Elisabeth am eigenen Leib, dass diese Charakterzüge auch verderblich sein können. In Mortimers Gefühlsausbruch wird seine Leidenschaft für sie zur Bedrohung. Sie ruft nach Hanna Kennedy, damit diese sie vor ihrem Retter rette. Am Ende des Auftritts muss sie resigniert feststellen: „Hier ist Gewalt, und drinnen ist der Mord.“ (V. 2597)

Mit dieser trostlosen Einsicht flieht Maria dem Hause, ihrem Gefängnis, zu. Erst im fünften Akt tritt sie wieder auf. Schiller macht auf diese Weise deutlich, dass seine Heldin nicht länger zum Aufbegehren fähig ist. Seit langen Jahren entmachtet, inhaftiert, von Ermordungsängsten zermürbt, ist sie nun endgültig verloren. Sie muss die **Hoffnung auf die irdische Freiheit aufgeben** und ihre **Hoffnungen auf die himmlische Freiheit richten**, worauf Kennedy im ersten Auftritt des fünften Aktes hinweist, wenn sie vom „Tausch [...] zwischen Zeitlichem / und Ewigem“ (V. 3404 f.) spricht. Maria schwört ihrem sinnlich-leidenschaftlichen Wesen ab, das ihre Jugendverbrechen verursacht hatte und noch immer unselig fortwirkt, was sie durch Mortimers Übergriff und durch Leicester Verrat (vgl. V. 3834 f.) schmerzlich erfahren musste. So geläutert kann sie ihrer Hinrichtung mit Fassung entgegensehen.

Elisabeth

Elisabeth I., die Königin von England, ist **am Ende** des Dramas zwar die politische Siegerin, jedoch **eine von allen Verlassene**. Ihre Rivalin Maria Stuart hat sie durch einen Justizmord, unterstützt von ihrem Großschatzmeister Burleigh, zu Fall gebracht. Sie hat die englische Gerichtsbarkeit funktionalisiert, um die ungeliebte Konkurrentin, die einen legitimen Anspruch auf den Thron besaß, aus dem Weg zu räumen. Burleigh hat sie verbannt, den Staatssekretär Davison verurteilen lassen. Selbst ihr warmherziger Berater Shrewsbury wendet sich von ihr ab, weil er ihr ein verwerfliches und verantwortungsloses Verhalten vorwirft. Moralisch schlecht handelt Elisabeth, weil sie für ihr Handeln nicht die Verantwortung übernimmt. Diese reicht sie an Untergebene weiter.

Schiller bezeichnete seine Elisabeth in einer Briefäußerung als „königliche Heuchlerin" (Brief an Goethe vom 30. Juli 1799, DüD, S. 379). Der **negative Charakter der Königin** liegt in dem **Konflikt zwischen persönlichen Wünschen und öffentlicher Rolle** begründet: Elisabeth erhebt zwar einen uneingeschränkten Machtanspruch, kann diesen aber nicht verwirklichen, weil ihre Handlungsfreiheit durch Parlament und Volk eingeschränkt ist. So sieht sie sich gezwungen, durch Taktieren und Verstellung zumindest den Anschein von Souveränität zu wahren.

Ihre Zwangslage besteht darin, dass das Todesurteil gegen Maria Stuart in der Öffentlichkeit Aufsehen erregen und sie in Verruf bringen würde. Daraus resultiert ihre **Unentschlossenheit**, die sie selbst beklagt. Sie spricht von „Sklaverei des Volksdiensts" und davon, dass sie es „müde" sei, „diesem Götzen / Zu schmeicheln, den mein Innerstes verachtet" (V. 3190 ff.). Dennoch bestimmt der verachtete Götze ihr Handeln. So versucht sie, Mortimer zum Mord an Maria zu bewegen (II, 5), weil sie „die eigne Hand vom Blute rein behalten" will (V. 1593).

Ungewöhnlich hellsichtig lässt Schiller schon im ersten Akt Elisabeths Widersacherin Maria aussprechen, was das Handeln der englischen Königin leitet: „rohe Stärke" (was nicht ganz zutrifft), verbunden mit dem „heil'gen Schein der Tugend" (V. 969, 973). Elisabeth solle doch der Öffentlichkeit ihren wahren Charakter enthüllen: „Und was sie *ist,* das wage sie zu scheinen!" (V. 974)

Elisabeths Wunsch, eine mit absoluter Macht ausgestattete Königin zu sein, die zur Durchsetzung von Herrschaftsinteressen in der Lage ist, wie ihre grausamen Verwandten (Maria Tudor und Heinrich VIII.) zu handeln und „Königsblut" zu „versprützen" (V. 3207), entspringt einer persönlichen Kränkung. Sie leidet an dem **Makel ihrer unehelichen Geburt**. Dieser Makel verleiht ihr eine innere Unsicherheit, die sie am liebsten durch absolute Autorität kompensieren würde.

Elisabeths Neid auf Marias erbrechtlich verbrieftes Königinnentum wird noch verschärft durch ihren **Neid auf die Schönheit Marias**. Marias erotische Attraktivität deutet sie als Lüsternheit, mit welcher Maria die ebenfalls lüsternen Männer verführt: Um Maria „buhlt die Jugend und das Alter. / So sind die Männer. Lüstlinge sind alle!" (V. 1987 f.) Elisabeth geht sogar so weit, ihre Rivalin von Angesicht zu Angesicht als Hure zu beschimpfen (V. 2416 ff.). Dieser Ausbruch deutet darauf, wie stark sich Elisabeth danach sehnt, den Männern ebenfalls begehrenswert zu erscheinen.

Interpreten haben darauf hingewiesen, dass Elisabeths Moralvorstellungen denen der bürgerlichen Gesellschaft um 1800 entsprechen, jener Epoche also, in der das Stück nicht spielt, sondern entstand. Elisabeth fühlt und handelt gewissermaßen wie eine Privatperson des bürgerlichen Mittelstands. Dies zeigt sich auch in ihrer Einstellung zur Ehe:

> *„Wie eine Bürgerliche erfährt Elisabeth den Zwang, den normativen Druck dessen, was in der bürgerlich-aufgeklärten Gesellschaft Schillers als ‚Ordnung der Natur' (V. 1173) sich in der Ordnung der Gesellschaft und schließlich in der Ordnung der Familie widerspiegelt. Statt eine Liebesheirat eingehen zu dürfen, fordern Staat bzw. die bürgerliche Familie die Konvenienzehe [. . .]. Nicht den Mann ihrer Liebe kann sie heiraten, sondern sie muß sich aus Gründen der Staatsräson und des politischen Kalküls (des Machtzuwachses der englischen Krone) mit dem Ungeliebten vermählen."*[3]

Schiller gibt einige Hinweise auf die **Ursachen der Unterdrückung von Elisabeths Weiblichkeit**, die bis in deren Kindheit zurückreichen: Sie ist freudlos aufgewachsen – erst wurde sie im Tower Englands gefangen gehalten, dann lebte sie abgeschirmt auf einem Landsitz. Ihre Erziehung zielte darauf ab, sie dazu zu befähigen, ihren Königspflichten nachzukommen – und dabei ihren ‚Mann' zu stehen. Weibliche Gefühlsregungen spielten indessen keine Rolle. Aus diesem Grund will sie „von der Schwäche des Geschlechtes" (V. 1376) nichts hören, denn sie muss männlicher in ihrem Amt handeln als ein Mann, um Anerkennung zu erlangen. Im neunten Auftritt des zweiten Aktes spricht Elisabeth den Unterschied zwischen ihrem Leben und dem Marias aus: Maria konnte immer „ihrer Neigung" (V. 1975) folgen; sie dagegen musste **immer vernünftig denken** und handeln.

Obgleich Schiller die negativen Züge von Elisabeths Charakter stark hervorhebt, versäumt er dennoch nicht, auch sie als Menschen mit guten wie schlechten Eigenschaften zu schildern, der die Zuschauer nicht einfach nur abstößt, sondern **als gemischter Charakter der Anteilnahme wert** und dadurch erst interessant ist. So verschweigt Schiller nicht die realpolitische Gefahr, die von Maria und deren Anhängerschaft ausgeht. Elisabeth muss auch aus politischer Notwendigkeit heraus handeln. Ihre Berater im Staatsrat hört sie geduldig an. Und nicht zuletzt weckt der Bittbrief Marias ihr Mitgefühl mit ihrer Kontrahentin: „Was ist der Mensch! Was ist das Glück der Erde! / Wie weit ist diese Königin gebracht, / Die mit so stolzen Hoffnungen begann" (V. 1528 ff.).

Dass eine solche Regung jedoch vorübergehender Natur ist und Elisabeths Handelns nicht entscheidend beeinflusst, liegt an ihren tief sitzenden persönlichen Problemen. Ihr Mangel an menschlicher Größe lässt sie auch ihr Amt als Herrscherin nicht sinnvoll ausfüllen.

Burleigh

Wilhelm Cecil, dem Baron von Burleigh, verleiht Schiller die Eigenschaften eines **harten Machtpolitikers**. Der Großschatzmeister ist ein geschickter Redner. Er agiert als Verfechter eines parlamentarisch kontrollierten Absolutismus und verfolgt rücksichtslos die Machtinteressen des Staates. Sein Ziel ist der Tod Marias. Mit Blick auf dieses Ziel **orientiert** er **sich an keiner ethisch-moralischen Grundlage**, sondern an einer „Weisheit, welche Blut befiehlt" (V. 1298), wie Elisabeth selbst nach seiner Beratungsrede im Staatsrat feststellt (II, 3).

Da er um die Wankelmütigkeit seiner Königin weiß, führt er ihr drastisch die **vermeintliche Alternative** vor Augen: „Du musst den Streich erleiden oder führen. / Ihr Leben ist dein Tod! Ihr Tod dein Leben!" (V. 1293 f.)

In der zweiten Staatsratsszene (IV, 9) übt Burleigh noch stärkeren Druck auf Elisabeth aus: „Erwarte, zögre, säume, bis das

Elisabeth (Susanne Kröhl) und Burleigh (Raphael Utz). anstifter. freies theater in heidelberg. Inszenierung von Raphael Utz (2001) Foto: Heike Rawe

Reich / In Flammen steht, bis es der Feindin endlich / Gelingt, den Mordstreich wirklich zu vollführen." (V. 3101 ff.) Elisabeths persönliches Dilemma will er nicht gelten lassen: „Hier ist nicht Zeit zu weichlichem Erbarmen, / Des Volkes Wohlfahrt ist die höchste Pflicht" (V. 3181f.).

Als sich Elisabeth aus persönlicher Kränkung nach dem Rededuell mit Maria entschließt, das Todesurteil zu unterschreiben, entreißt Burleigh es dem überforderten Staatssekretär Davison, dem Elisabeth es ohne Befehle überreicht hat. Kurzerhand veranlasst er den Vollzug der Hinrichtung.

Schließlich wird der entschlossene **Vertreter der Staatsräson** nach Marias Tod von Elisabeth fallen gelassen und verbannt.

Shrewsbury

Auf der Ebene des Geschehens um die ‚Richterin' Elisabeth und die ‚Angeklagte' Maria **tritt dem ‚Ankläger' Burleigh der ‚Verteidiger' Georg Talbot**, Graf von Shrewsbury, **entgegen**. Sein vorrangiges Wirkungsfeld liegt **im Staatsrat** und somit in den Szenen II, 3 und IV, 9. Wie Burleigh versucht er auf die Entscheidungen Elisabeths einzuwirken. Im Gegensatz zu seinem Widersacher, der sich dem Volk verpflichtet erklärt und politisch argumentiert, **spricht** Shrewsbury **die Königin persönlich an** und bekräftigt **ihre Willensfreiheit**: „Wer kann dich zwingen? Du bist Herrscherin, / Hier gilt es deine Majestät zu zeigen!" (V. 3083 f.) Sie solle weder auf Burleighs eifernde Worte hören, noch auf einen dumpfen Volkswunsch. Als würdige Mächtige müsse sie ein unabhängiges Urteil fällen – und dies dürfe nur ein gerechtes Urteil sein. Dabei bringt Shrewsbury Argumente vor, die bereits Maria gegen Burleigh angeführt hat (vgl. I, 7): So habe England keine Rechtsgewalt über Maria Stuart als souveräne Fürstin. Gleichzeitig ist Shrewsbury bemüht, an Elisabeths weibliche „Milde" (V. 1342) zu appellieren. Um bei ihr **Mitleid mit Marias Situation hervorzurufen**, berichtet er von deren Verfehlungen, an denen sie jedoch nicht selbst schuld gewesen sei. Doch sein Mitgefühl für Maria missversteht Elisabeth eifersüchtig als ein spätes Aufflammen der Leidenschaft eines alten Mannes; sie wirft ihm vor, Marias Schönheit verfallen zu sein.

Shrewsbury vertritt zwar den Absolutismus, erwartet aber, dass der Herrscher aufgeklärt und aus humaner Gesinnung moralisch handelt. Er warnt vor den schlimmen Konsequenzen, die ungerechtes Handeln nach sich ziehen kann, das zudem aus einem persönlichem Hassgefühl heraus motiviert ist: Ein solches Verhalten ende in Tyrannei und Willkürherrschaft (IV, 9).

Mit Marias Hinrichtung ist die Situation, vor der er gewarnt hatte, eingetreten. Elisabeth hat sich nicht als würdiger Souverän erwiesen, was Shrewsbury nur noch enttäuscht konstatieren kann: „Ich habe deinen edlern Teil / Nicht retten können. [...] Du hast von nun an / Nichts mehr zu fürchten, brauchst nichts mehr zu achten." (V. 4028 f., 4030 f.)

Leicester

Robert Dudley, der Graf von Leicester, war in der historischen Realität und ist im Drama Schillers der **Günstling Elisabeths**. Elisabeth hielt ihn als möglichen Ehemann lange hin und schlug ihn später als Gatten Maria Stuarts vor. Die Liebe zwischen Maria und Leicester ist jedoch eine Erfindung Schillers.

Schiller zeichnet Leicester als **opportunistisch taktierenden Höfling**. In der ersten Staatsratsszene lässt Schiller ihn selbst erläutern, dass er mit zwei Zungen spricht: Als Mitglied des Gerichts hat er für das Todesurteil gestimmt; nun tritt er für Marias Begnadigung ein. Er spricht dabei nicht von Recht und Gerechtigkeit wie Shrewsbury, sondern **versucht Elisabeth davon zu überzeugen, dass Maria keinerlei Gefahr darstelle**: „Wozu sie also töten? Sie *ist* tot!" (V. 1447) Seine auffälliges, zweigleisiges Verhalten macht schon an dieser Stelle Burleigh stutzig, der ihn später fast zu Fall bringen wird. Auch Mortimer hält ihm bei ihrer ersten Begegnung (II, 8) vor, dass er trotz seiner wiedererwachten Liebe zu Maria doch eigentlich nichts zu ihrer Rettung getan, sie sogar mit zum Tode verurteilt habe.

Ehrgeizig, aber ohne eigenen Halt, schwankt Leicester zwischen den beiden Königinnen hin und her. Maria war ihm als Frau zugedacht (V. 1762 f.), aber er wollte noch höher hinaus und bemühte sich um Elisabeth (V. 1770 ff.), die ihn aber nicht heiratete, sondern nur zehn Jahre lang mit ihren „Sultanslaunen" (V. 1783), denen er sich mit „Sklavendemut" (V. 1784) unterworfen habe, hinhielt. Angesichts von Marias „Schönheit und Jugend" (V. 1810), auch angesichts ihres unglücklichen Schicksals, dem eine andere Wendung zu geben er vermocht hätte, **glaubt** er **nun Maria ehrlich zu lieben** und möchte sie retten. Im Gespräch mit Mortimer (II, 8) versucht er diesem sein Taktieren zu erklären: Er hofft auf Zeitgewinn, der sich aus dem Umstand ergebe, dass Elisabeth auf die Ermordung Marias durch Mortimer warte. Maria sei nicht durch eine aberwitzige Befreiungstat zu retten, sondern nur durch eine List. Er will dafür sorgen, dass die beiden Königinnen sich treffen.

Leceister kennt als einziges Machtmittel die Verstellung am Hof. Zu konkreter Tat, offenem Bekenntnis und gewissenhafter Einflussnahme fehlt ihm der Mut. Auf Mortimers Aufforderung hin, er möge doch selbstbewusst in aller Öffentlichkeit handeln und sein Gewicht im Staatsrat in die Waagschale werfen, reagiert er erschrocken. Seine höfische Unterwürfigkeit drückt sich auch in der Furcht vor der Machtfülle Elisabeths aus.

Als ihn Burleigh nach dem gescheiterten Attentat auf Elisabeth verdächtigt, mit Maria Stuart zusammenzuarbeiten, **opfert** er **Mortimer**, um seinen eigenen Kopf zu retten. Aus Feigheit und um seinen Einfluss im Staatsrat aufrechtzuerhalten, **leugnet** er gegenüber Elisabeth **die Liebesbeziehung zu Maria**. Um sich reinzuwaschen, fordert er sogar Marias Hinrichtung (IV, 6).

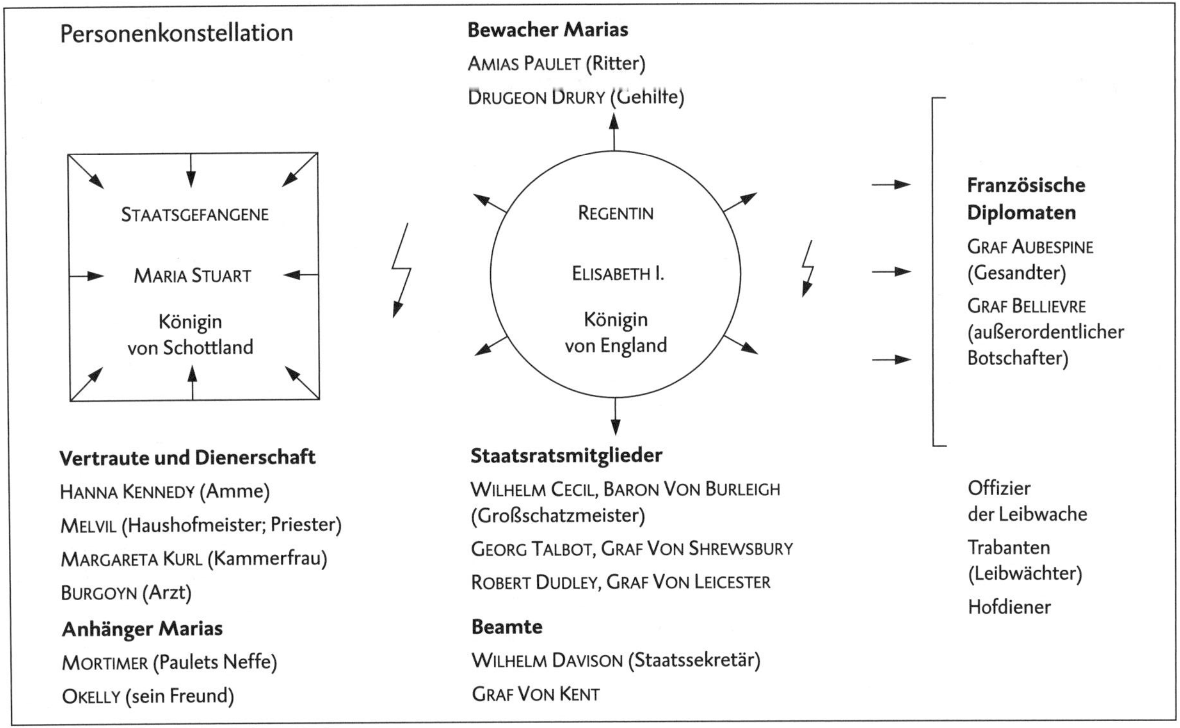
Personenkonstellation
Staatsgefangene
Maria Stuart
Königin von Schottland
Bewacher Marias
Amias Paulet (Ritter)
Drugeon Drury (Gehilfe)
Regentin
Elisabeth I.
Königin von England
Französische Diplomaten
Graf Aubespine (Gesandter)
Graf Bellievre (außerordentlicher Botschafter)
Vertraute und Dienerschaft
Hanna Kennedy (Amme)
Melvil (Haushofmeister; Priester)
Margareta Kurl (Kammerfrau)
Burgoyn (Arzt)
Anhänger Marias
Mortimer (Paulets Neffe)
Okelly (sein Freund)
Staatsratsmitglieder
Wilhelm Cecil, Baron Von Burleigh (Großschatzmeister)
Georg Talbot, Graf Von Shrewsbury
Robert Dudley, Graf Von Leicester
Beamte
Wilhelm Davison (Staatssekretär)
Graf Von Kent
Offizier der Leibwache
Trabanten (Leibwächter)
Hofdiener

Seine Gefühle gegenüber Maria sind insofern echt, als kurz vor Marias Ende die unterdrückten Gefühle der Liebe zu ihr wieder durchbrechen. Umso schändlicher ist seine Rolle, umso größer **sein menschliches Versagen**. Kaltblütig möchte er Marias Hinrichtung verfolgen, um wenigstens den „Preis der Schandtat" (V. 3857), das wiedergewonnene Vertrauen Elisabeths, nicht zu gefährden. Auch dies geht **über seine Kräfte**. **Von Schuldgefühlen übermannt** bricht er körperlich zusammen. Zuletzt flieht er außer Landes.

Mortimer

Der Neffe von Amias Paulet ist ohne historisches Vorbild. Mortimer gibt sich Maria bereits früh als **glühender Verehrer** und Retter zu erkennen (I, 6) und setzt damit die spannungssteigernde Nebenhandlung der Befreiungsaktionen in Gang.

Beeindruckt von der sinnlichen und künstlerischen Pracht Roms und beeinflusst von Marias Oheim, dem französischen Kardinal von Guise, ist Mortimer zum Katholizismus konvertiert. Von Marias Thronanspruch überzeugt, möchte er ihr zu ihrem Recht verhelfen. Völlig überrascht ist er allerdings, dass Maria ihre Befreiungshoffnungen an Elisabeths Gnade und an das Eingreifen Leicesters knüpft.

Für sein Ziel, Maria zu befreien, ist Mortimer bereit, Elisabeth über die wahren Hintergründe seiner Konversion zu täuschen. Auch geht er zum Schein auf ihren Wunsch ein, Maria zu ermorden. Weil Elisabeth Maria in seinen Augen zu Unrecht gefangen hält, weil sie ihm zudem diesen schändlichen Auftrag erteilt hat, glaubt er sich zu dieser Verstellung berechtigt.

Wie Maria die Gegenfigur zu Elisabeth ist, Shrewsbury die Gegenfigur zu Burleigh, so ist **Mortimer die Gegenfigur zu Leicester**. Beide spielen ein doppeltes Spiel. Im Gegensatz zum Zauderer Leicester stürmt Mortimer jedoch **rücksichtslos** auf sein Ziel zu. Beide scheitern.

Maria Stuart (Karin Polit) und Mortimer (Jan Schulte Holthausen). anstifter, freies theater in Heidelberg. Inszenierung von Raphael Utz (2001). Foto: Heike Rawe

Mortimers Hass auf Elisabeth erklärt sich aus der tiefen Verachtung, die er ihr gegenüber empfindet (II, 6). Ihr mangele es an der „Frauenkrone“, der Fähigkeit, „liebend einen Mann“ zu beglücken (V. 1655 f.), welche Maria Stuart für ihn in höchstem Maße besitzt. Während Leicester aus Ehrgeiz zwischen den zwei Königinnen schwankt, **sieht Mortimer lediglich zwei Frauen**, von denen die eine ihm begehrenswert erscheint und die andere nicht.

Am Temperament des jugendlichen Helden veranschaulicht Schiller Marias Wirkung als verführerische Schönheit. Die Figur Mortimer macht deutlich, was Schiller meint, wenn er schreibt, seine Maria könne nur ungezügelte Leidenschaft („heftige Passionen“; Brief an Goethe vom 18. Juni 1799, DÜD, S. 377) hervorrufen.

Mortimer steht so stark unter der **Wirkung Marias**, dass er ihre äußerliche Schönheit als Ausdruck ihrer unveränderlichen Leidenschaft und Hingezogenheit zu Männern missversteht. Gleich bei seinem ersten Zusammentreffen mit Maria verrät er die eigentliche Triebfeder seines Handelns: Schon Marias Bild übte auf ihn einen „rührend wundersame[n] Reiz“ (V. 504) aus. Schwärmerisch verehrt er sie wie eine Heilige, die „ewig Licht und Leben“ (V. 569) ausströmt. Gleichzeitig löst sie jedoch in ihm **sexuelle Wünsche** aus, die sie keineswegs erwidert. Diese emotionale Spannung entlädt sich im sechsten Auftritt des dritten Aufzugs: Dort **bedrängt** Mortimer **Maria körperlich** und widerlegt damit seine eigene anfängliche Behauptung, für ihr königliches Recht streiten zu wollen: „Du hast nichts mehr von ird'scher Majestät [...] Nichts blieb dir als die rührende Gestalt [...]“ (V. 2568, 2571).

Bis in die Regiebemerkungen markiert Schiller Mortimers erhitztes Gemüt, indem er ihn mit „irren Blicken“ und „stille[m] Wahnsinn“ agieren lässt (V. 2534 f.).

Mortimers religiöser Fanatismus, der ihn scheinbar zu Marias Retter bestimmt hatte, entpuppt sich so nur als eine Spielart seines **fanatischen Wesens** überhaupt. Dieser Fanatismus bildet einen Kontrast zur gefassten Religiosität Marias.

5 Die Sprache der Tragödie

Das grundlegende Merkmal der Sprachgestaltung in Schillers Drama stellt der **pathetische Stil** dar. Es handelt sich dabei um eine gehobene Redeweise, die der antiken griechischen Tragödie nachempfunden ist. Als direktes sprachlich-stilistisches Vorbild von Schillers Dramen gelten die Tragödien des Euripides, die stark von der **Redekunst** geprägt sind und ausgedehnte Redewettkämpfe enthalten. Schiller verwendet in den Dialogen wie der griechische Dramatiker vorwiegend das rhetorische Stilmittel der **Sentenz,** des philosophisch verallgemeinernden Sinnspruchs.

Poetisch verstärkt wird das Pathos durch den **Blankvers**, den Idealvers des klassischen Dramas seit Gotthold Ephraim Lessings

Nathan der Weise. Der Blankvers besteht aus einem ungereimten fünfhebigen Jambus (ansteigender Versfuß):

> MARIA. *Ich will mich nicht der Rechenschaft entziehn,*
> *Die Richter sind es nur, die ich verwerfe. (V. 735 f.)*

Durch den Blankvers können Teilsätze, wie im Beispiel oben, als Sinneinheiten betont werden. Ebenso aber lässt sich das Ende der Verszeile durch **Enjambements** (Zeilensprünge) überspielen. So wird ein monotones fortwährendes Zusammenfallen von Satz und Zeile vermieden:

> MARIA. *Verzeiht, Mylord, dass ich Euch gleich zu Anfang*
> *Ins Wort muss fallen – Unterworfen hätt ich mich*
> *Dem Richterspruch der Zweiundvierzig, sagt Ihr? (V. 695 ff.)*

An einigen hervorgehobenen Stellen des Dramas kommt es sogar zur völligen Auflösung des jambischen Metrums und zur **Verwendung des Endreims**. Im ersten Auftritt des dritten Aktes singt Maria gleichsam im Überschwang ihrer Gefühle und ihrer Hoffnung auf Freiheit in schwungvollem Rhythmus, der zwischen Daktylus und Trochäus wechselt:

> MARIA. *Lass mich der neuen Freiheit genießen,*
> *Lass mich ein Kind sein, sei es mit!*
> *Und auf dem grünen Teppich der Wiesen*
> *Prüfen den leichten, geflügelten Schritt. (V. 2075 ff.)*

Die pathetisch-sentenzhafte Verssprache vermittelt die starke **emotionale Spannung**, unter welcher die Figuren stehen, auch wenn die vollendete sprachliche Form, in sie ihre Erregung kleiden, zuweilen wenig impulsiv, vielmehr sehr beherrscht wirken mag. Doch handelt es sich bei der im Drama der Klassik verwendeten Sprache um eine Kunstsprache, die Gefühle nicht naturalistisch abbilden möchte. Stellt man das in Rechnung, so lassen sich die heftigen Gefühle, die etwa die groß angelegten Beratungs- und Streitdialoge beherrschen, leicht nachempfinden: Unversöhnliche Ansichten prallen aufeinander; es wird gerufen, eindringlich plädiert, vorgeworfen, beschimpft, angeklagt, geschmeichelt und beschwichtigt.

Verstärkt wird diese Wirkung auch durch das Stilmittel der **Antithese**, einer rhetorischen Figur zur Aufstellung inhaltlicher Gegensätze. Mit ihrer Hilfe gelingt es Schiller, immer wieder die gegensätzlichen Meinungen und die unterschiedlichen Weltanschauungen der Figuren in starken Kontrast zueinander zu stellen. Durch die Wahl ihrer Worte charakterisieren sich die Sprecher zudem selbst. Beispielsweise offenbart sich Burleigh in der Staatsratsszene II, 3 mit seinen kämpferischen Reden als politischer Scharfmacher, der seine Königin mit drastischen Schilderungen der katholischen Gefahr für das Land und für ihr Leben zu entschiedenem Handeln anstacheln will:

Zu Reims, dem Bischofssitz des Kardinals, [...]
Dort wird der Königsmord gelehrt! [...]
Du musst den Streich erleiden oder führen.
Ihr Leben ist dein Tod! Ihr Tod dein Leben!
(V. 1271, 1273, 1293 f.)

Der gemäßigte Shrewsbury hingegen verbindet in derselben Szene seine Aufforderungen, Elisabeth möge vernünftig die juristisch zweifelhafte Situation überdenken und dann gerecht handeln, mit der Warnung vor einer zu befürchtenden schädlichen Öffentlichkeitswirkung:

Der eignen Milde folge du getrost. [...]
Man soll nicht sagen, dass in deinem Staatsrat
Die Leidenschaft, die Selbstsucht eine Stimme
Gehabt, nur die Barmherzigkeit geschwiegen.
(V. 1342; 1357 ff.)

In beiden Beispielen lässt Schiller seine Figuren antithetisch die Drastik der Lage hervorheben, um ihren Empfehlungen mehr Gewicht zu verleihen. Shrewsburys Äußerung wirkt darüber hinaus auch durch die **Personifikation** (Vermenschlichung) abstrakter Begriffe eindringlich. Die Leidenschaft, die Selbstsucht, die Milde sind auf diese Weise gewissermaßen körperlich anwesend, wenn im Staatsrat über Marias Schicksal entschieden werden soll.

Wie Schiller **dramatische Spannung** erzeugt, zeigt bereits die Gestaltung der Eingangsszene des ersten Aktes. Das dramatische Stilmittel der **Stichomythie** (Wechsel von Rede und Gegenrede mit jedem Vers) macht die Hektik und Aufgeregtheit der Situation anschaulich. Ausrufe und kurze Aussagesätze folgen in raschem Wechsel aufeinander. Dass der Zuschauer sofort mitten in die Handlung hineingezogen wird, liegt vor allem an der affektgeladenen Sprache, was eine ausführlichere Analyse dieser Szene zeigt:

Die beiden Sprechenden steigern sich immer mehr in ihre eigene, bereits feststehende Meinung hinein. Der Zuschauer wird auf diese Weise mit zwei extremen, sich einander widersprechenden Auffassungen von Marias Charakter konfrontiert. Schon hier wird deutlich, dass die **Antithetik in vieler Hinsicht das Strukturprinzip des Stückes** ist. Paulet entwirft das düstere Bild einer notorisch hinterhältigen und lasterhaften Mörderin. Kennedy stellt dem eine schicksals- und leidgeprüfte Maria gegenüber. Noch weiß der Zuschauer nicht, wem er mehr Glauben schenken soll.

Die Amme Kennedy beginnt nach Drurys Abgang (V. 20) die verbale Auseinandersetzung mit einer **Apostrophe** (Anruf), einer affektgeladenen rhetorischen Figur, die zumeist der unmittelbaren Hinwendung ans Publikum (bei einer Rede) dient. Kennedy wendet sich an Paulet: „O schimpfliche Gewalt, die wir erleiden!“ (V. 21) Anschließend beschreibt sie in einer Reihe von **rhetorischen Fragen,** die keiner Antwort bedürfen, Marias bedrückende Haftsituation:

Wer sieht es diesen kahlen Wänden an,
Dass eine Königin hier wohnt? Wo ist

Die Himmelsdecke über ihrem Sitz?
Muss sie den zärtlich weichgewöhnten Fuß
Nicht auf gemeinen rauen Boden setzen?
(V. 30ff.)

Auch diese rhetorischen Fragen sind antithetisch durchformt: hier „kahle Wände“, dort „Himmelsdecke“; hier „zärtlich weichgewöhnter Fuß“, dort „gemeiner [gewöhnlicher] rauer Boden“. Bei der zweiten Antithese wirken die doppelten adjektivischen Attribute zusätzlich kontraststeigernd.

Als Kennedy merkt, dass Paulet sich nicht beeindrucken lässt, zieht sie aus ihrer Beschreibung der einer Königin unwürdigen Mangelsituation ein allgemeines Fazit, das als **Sentenz** formuliert ist: „In *großes* Unglück lehrt ein edles Herz / Sich endlich finden, aber wehe tut's, / Des Lebens kleine Zierden zu entbehren.“ (V. 52ff.) Mithilfe einer Inversion (Umstellung eines Satzteils) wird durch das lokale Adverbial („in großes Unglück“) das Leid Marias hervorgehoben. Zudem ist an dieser Sentenz interessant, dass sie einen Hinweis auf Marias Wandlung am Ende des Dramas enthält: Das aussagekräftige Prädikat „lehrt“ verweist darauf, dass Maria ihrer Schicksal ertragen lernt und sich mit sich selbst versöhnt.

Weitere Beispiele aus verschiedenen Szenen verschaffen einen Eindruck von Schillers umfangreichem Gebrauch rhetorischer Stilmittel:

Stilmittel	Beispiel aus „Maria Stuart“
Antithese (Gegensatz)	Ich bin die Schwache, sie die Mächt'ge […] (V. 961) Ermorden lassen kann sie mich, nicht richten! (V. 971)
Apostrophe (Anrufung)	O meine teure Lady! Euer Kerker Ist nur um ein klein weniges erweitert. (V. 2083f.) O Sklaverei des Volksdiensts! […] (V. 3190)

Anapher (Wiederkehr von Anfangswendungen)	Nicht Babingtons, nicht Tichburns blut'ge Häupter, Auf Londons Brücke warnend aufgesteckt, Nicht das Verderben der Unzähligen, (V. 644 ff.)
Klimax (stufenweise Steigerung in der Aussage)	Ohnmächtige! Ich führe bessre Waffen, Sie treffen tödlich und du bist nicht mehr! (V. 3241 f.)
Rhetorische Frage (Frage, auf die keine Antwort erwartet wird)	Die Richter! Wie, Mylady? Sind es etwa Vom Pöbel aufgegriffene Verworfne, Schamlose Zungendrescher, denen Recht Und Wahrheit feil ist, die sich zum Organ Der Unterdrückung willig dingen lassen? (V. 737 ff.)
Metapher (Bildlicher Ausdruck)	So stürzen meine Hoffnungen – ich suche In diesem Schiffbruch meines Glücks ein Brett (V. 1805f.) Den vollen Kelch der Freuden ausgetrunken. Jetzt trinkt sie auch den bittern Kelch des Leidens. (V. 1977 f.) Hier selbst, im Friedenssitze meines Reichs, Blies er mir der Empörung Flammen an – (V. 2342 f.)
Metonymie (Ersetzen eines Wortes, Umbenennung)	Und offnen, wütenden Vertilgungskrieg Bereitet mir der Spanier auf den Meeren. (V. 3218 f.) [Spanier für: Spanien; Spanische Kriegsmarine]
Parallelismus (Wiederkehr derselben Wortreihenfolge)	Sie brauche die Gewalt, sie töte mich, Sie bringe ihrer Sicherheit das Opfer. (V. 962 f.) […] Soll mit dieser Stuart Der alte Aberglaube wiederkehren? Der Mönch aufs Neu hier herrschen, der Legat Aus Rom gezogen kommen, unsre Kirchen Verschließen, unsre Könige entthronen? (V. 3173 ff.)
Sentenz (Sinnsprüche von allgemeiner Gültigkeit)	So kannt ich ihn – doch eines Mannes Tugend Erprobt allein die Stunde der Gefahr. (V. 894 f.) Man überlasse mich mir selbst! Bei Menschen ist Nicht Rat noch Trost in dieser großen Sache. (V. 3185 f.)

6 Zentrale Themen

Politik und Moral

In seiner Schrift *Was kann eine gute stehende Schaubühne eigentlich wirken?* (1785) – später unter dem geänderten Titel *Die Schaubühne als moralische Anstalt betrachtet* veröffentlicht – bezeichnet Schiller das **Theater als politische Schaubühne**, auf der das Handeln von Mächtigen wie im Gerichtssaal untersucht und hinterfragt werden könne. Das Publikum als Richter erhält dabei die Möglichkeit, über verwerfliches Handeln zu reflektieren. Doch Schiller will nicht ausschließlich die Vernunft des Theaterzuschauers ansprechen, sondern auch seine Gefühle. Innenansichten der Figuren sollen deren versteckte, persönliche Motive und Beweggründe nachvollziehbar werden lassen.

In der Schaubühnen-Schrift setzt sich Schiller kritisch mit dem Fürstenstaat auseinander. Allerdings zielt die Absolutismuskritik weniger auf das politische System selbst ab als vielmehr auf dessen Missbrauch durch die Regierenden. Solcherart hat das Theater die Aufgabe, als Instanz einer imaginären Gerichtsbarkeit **moralische Urteile über den Staat und deren Repräsentanten** auszusprechen und dadurch „sittliche Bildung" zu vermitteln (FA 8, S. 196).

Diese Absicht ist auch in *Maria Stuart* erkennbar. Das Drama ist dabei nicht in erster Linie, wie etwa *Kabale und Liebe,* als Hofkritik zu verstehen. Auch wenn am englischen Hof Opportunismus und Intrigen herrschen, versucht Schiller doch vorwiegend, in der Figur der **Elisabeth** einen folgenschweren politischen und privaten Konflikt zu schildern. Politik (Machtausübung) und Moral (Ethik) finden hier nicht zueinander. Elisabeth versagt in zweifacher Hinsicht: Weder ist sie in der Lage, ihren Machtanspruch durchzusetzen, da ihr Opportunismus sie an den Volkswillen bindet, noch ringt sie sich zu einer gerechten Haltung durch. Ihr Handeln beruht auf keiner Gewissensethik, wie Shrewsbury sie einfordert, da sie unter dem Deckmantel der Staatsräson ihre persönlichen Interessen verfolgt.

Um auf diese Gefahr hinzuweisen, die einem ohne Moral regierten Staat droht, setzt Schiller als Gegenfigur zu Elisabeth – und zu den Figuren, die den verkommenen Hofstaat repräsentieren, Burleigh und Leicester – den rechtschaffenden Grafen von **Shrewsbury** ein. Dieser erkennt Elisabeths Konflikt genau:

Sag nicht, du müssest der Notwendigkeit
Gehorchen und dem Dringen deines Volks.
Sobald du willst, in jedem Augenblick
Kannst du erproben, dass dein Wille frei sei.
Versuch's! Erkläre, dass du Blut verabscheust, [. . .]
Zeig denen, die dir anders raten wollen,
Die Wahrheit deines königlichen Zorns,
Schnell wirst du die Notwendigkeit verschwinden
Und Recht in Unrecht sich verwandeln sehn.
(V. 1330 ff., 1336 ff.)

Die von Elisabeth empfundene Notwendigkeit erklärt Shrewsbury als nur scheinbar vorhanden. Sein Appell an Elisabeth, auf Gewalt zu verzichten und vor allem selbstbestimmt und autonom (frei) zu handeln, ist Ausdruck einer **Handlungsethik**, die sich an der des Aufklärungsphilosophen **Immanuel Kant** (1724 bis 1804) orientiert. Kant nennt eine Handlung sittlich, wenn sie unabhängig zustande gekommen, nicht von egoistischen Interessen geleitet und anderen Menschen nicht schädlich ist. Die Fähigkeit zu sittlichem Handeln zeichnet den mündigen Menschen aus. Aus dieser Perspektive ist Elisabeth zwar Herrscherin über England, aber kein mündiger Mensch.

Den Zusammenhang zwischen Willensfreiheit und Sittlichkeit hat Schiller in seiner tragödientheoretischen Hauptschrift *Über das Pathetische* so formuliert: „Aber eine sittliche Verbindlichkeit des Willens läßt sich nur unter Voraussetzung einer absoluten Independenz [Unabhängigkeit] desselben vom Zwang der Naturtriebe denken […]“ (FA 8, S. 443). Diesem Anspruch wird Elisabeth nicht gerecht.

Elisabeth vertritt eine vom Parlament und Volk kontrollierte Monarchie. Da ihre Erbfolge umstritten ist, meint sie ihre Herrschaft auf ihre Popularität stützen zu müssen, obwohl sie sich zugleich danach sehnt, mit absoluter Macht herrschen zu können.

Schillers Figur der Elisabeth ist allerdings, verglichen mit der historischen Wahrheit, ein **Zerrbild**. In Wirklichkeit war Elisabeth I. für ihre Gerechtigkeitsliebe bekannt.

Es wird vermutet, dass Schiller in seinem Drama sein negatives Urteil über die **Französische Revolution** verarbeitet hat, die sich schnell von ihren hehren Zielen der Freiheit, Einheit und Brüderlichkeit verabschiedet hatte und in eine republikanische Schreckensherrschaft entartet war, welche ebenfalls in einem Königsmord (an Ludwig XVI.) kulminierte.

Wenn man diese Überlegungen auf das Drama überträgt, würde das bedeuten, dass Elisabeth in gewisser Weise die Regierungsform der **Republik** vertritt. Eine Republik wird im Gegensatz zu einer Monarchie von Volksvertretern geleitet, die dem Gemeinwohl verpflichtet und dem Volk Rechenschaft schuldig sind. Dass das republikanische System jedoch keineswegs vor Machtmissbrauch gefeit ist, dass politische Entscheidungen, an denen unterschiedliche Personen mitgewirkt haben, noch nicht automatisch gerechte Entscheidungen sind, dass persönliche Interessen der Regierenden die Politik bestimmen, führt Schiller in seinem Drama vor.

Was zeichnet demgegenüber **Marias politisches Denken und Handeln** aus? Maria Stuarts geradezu starres Einfordern des feudalen und religiösen Legitimationsprinzips zur Rechtfertigung ihres Anspruchs auf den englischen Thron kennzeichnet sie als Vertreterin absolutistischer Herrschaft. Dass Schiller Marias Herrschaftsansprüche als reaktionär kritisiert, ist jedoch nicht zu erkennen. Vielmehr scheint er sie als **Anhängerin eines aufgeklärten Absolutismus** charakterisieren zu wollen.

Da sie aus politischen Gründen eingekerkert und verurteilt ist, versucht Maria, durch eine juristische Argumentation die Aufhebung ihres Urteils herbeizuführen. Zwar hält sie an ihrem dynastisch begründeten Rechtsanspruch auf den Thron fest, doch ihre **Einwände gegen die Mängel des Prozesses** weisen **moderne staatsrechtliche Vorstellungen** auf. So lässt Schiller sie auf die mangelnde Gewaltenteilung aufmerksam machen: „Wehe / Dem armen Opfer, wenn derselbe Mund, / Der das Gesetz gab, auch das Urteil spricht!" (V. 858 ff.)

Im Gegensatz zu Elisabeth argumentiert Maria fortwährend staatspolitisch. Ihr sarkastischer Hinweis auf den Opportunismus ihrer englischen Richter deutet auf die Korruption in Elisabeths Staatsapparat, in dem die Justiz (die, wie gesagt, weitgehend von denselben Personen gestellt wird wie die Legislative und Exekutive) befangen sei und der Regierung nach dem Munde rede: „Ich sehe diese würd'gen Peers mit schnell / Vertauschter Überzeugung unter *vier* / Regierungen den Glauben *viermal* ändern – " (V. 784 ff.).

Marias Ideal, das Shrewsbury ebenfalls vertritt und vergeblich an Elisabeth zu vermitteln versucht, ist das einer rechtlich und sittlich handelnden Fürstin. Sie fasst es in folgender Wunschvorstellung eines gemeinsamen Staates aller Engländer und Schotten zusammen, die bemerkenswerterweise Parlament und Königtum Seite an Seite nennt: „*Ein* Parlament sie brüderlich vereint, / *Ein* Zepter waltet durch die Insel." (V. 825 f.) Ob sie selbst als Königin dem hier ausgesprochenen Ideal genügen würde, bleibt offen.

Die Tragödienheldin Maria Stuart

Neben dem politischen Problemgehalt hat Schiller in *Maria Stuart* vor allem auch zentrale Elemente seiner Tragödientheorie zur Anschauung gebracht. In einem Brief an Goethe erläutert er, weshalb der historische Stoff um Maria Stuart eine „tragische Qualität" besitze: Seine Figur Maria wolle er als „physisches Wesen" darstellen, das beim Theaterzuschauer „keine weiche Stimmung" errege (Brief vom 18. Juni 1799, DüD, S. 377). Maria schwankt zwischen den beiden Polen Sinnlichkeit (weibliche Schwäche) und Sittlichkeit (vollkommener Vernunftgebrauch) und sie besitzt eine verwerfliche, verbrecherische Vergangenheit. Sie ist einerseits ein Mensch mit vielen Schwächen und Fehlern, andererseits aber eine willensstarke, adlige Persönlichkeit und somit ein **gemischter Charakter**, wie Schiller ihn für die Tragödie fordert: „Der tragische Dichter gibt also mit Recht den gemischten Charakteren den Vorzug, und das Ideal seines Helden liegt in gleicher Entfernung zwischen dem ganz verwerflichen und dem vollkommenen." (*Über tragische Kunst,* FA 8, S. 273)

Maria Stuart ist deshalb eine tragische Heldin, weil sie dem über sie verhängten Schicksal nicht entfliehen kann und weil sie von einer alten Schuld verfolgt wird: „Frischblutend steigt die längst vergebne Schuld / Aus ihrem leichtbedeckten Grab empor!" (V. 286 f.) Erst als sie die Ausweglosigkeit ihrer Lage und das ungerechtfertigte Todesurteil im Glauben an eine ausgleichende Gerechtigkeit hinnimmt (ihr Tod als Ausgleich für ihr Jugendverbrechen), kann sie sich von ihrem „physischen Wesen" befreien und – so lässt Schiller sie es selbst sagen – „ein sel'ger Geist" (V. 3828) werden. Helmut Koopmann hat diese Entwicklung so zusammengefasst:

> *Maria gewinnt ihre moralische Integrität am Schluss zurück, nicht nur, indem sie das Opfer akzeptiert, sondern indem sie sich bewusst und willentlich darein fügt – eine Selbstbefreiung,*

die nicht physischer Natur ist, die aber wichtiger ist, als ihre reale Befreiung je hätte sein können. Maria kann physisch zerstört werden, aber ihre innere Freiheit ist unzerstörbar.[4]

Dass Maria bis zur Beichtszene im fünften Aufzug (V, 7) als von Leidenschaften und trügerischen Hoffnungen bestimmt erscheint, ist Schillers Absicht: „Man gelangt also zur Darstellung der moralischen Freiheit nur durch die lebendigste Darstellung der leidenden Natur, und der tragische Held muß sich erst als empfindsames Wesen bei uns legitimiert haben, ehe wir ihm als Vernunftwesen huldigen, und an seine Seelenstärke glauben." (*Über das Pathetische*, FA 8, S. 423) Führte Marias impulsives Aufbegehren gegen ihre verletzte Königinnenwürde und ihre verzweifelte Lage zu dem katastrophalen Verlauf der Begegnung mit Elisabeth (III, 4), so wird sie im Schlussaufzug als religiös Gefasste und Duldende gezeigt. Sie bekennt sich zu ihren Verfehlungen und ist sich gleichzeitig gewiss, sich endgültig davon gelöst zu haben: „Ich fürchte keinen Rückfall. Meinen Hass / Und meine Liebe hab ich Gott geopfert." (V. 3761 f.) Erst muss Maria Hass und Liebe – den intensivsten sinnlichen Empfindungen – abschwören, bevor sie moralische Freiheit erlangt. Auch ihren Thronanspruch gibt sie auf, da er das auslösende Motiv für ihre Rivalität mit Elisabeth und damit für ihren Hass war:

Der Königin von England
Bringt meinen schwesterlichen Gruß – Sagt ihr,
Dass ich ihr meinen Tod von ganzem Herzen
Vergebe, meine Heftigkeit von gestern
Ihr reuevoll abbitte – Gott erhalte sie
Und schenk ihr eine glückliche Regierung!
(V. 3781 ff.).

Selbst Leicester gegenüber äußert sich Maria milde, als sie ihm auf ihrem Gang zur Hinrichtung begegnet, auch wenn sie ihm den Verrat vorhält, den er an ihr begangen hat (V, 9).

Die „schöne Seele“ („Über Anmut und Würde“, 1793)

Harmonie von Sinnlichkeit (Neigung) und Vernunft (Pflicht)

ANMUT
ist „der Ausdruck einer schönen Seele“

… widerstehen der Sinnlichkeit „oft mit heroischer Stärke“, handeln eher instinktiv und nehmen „das heldenmütigste Opfer“ auf sich

Weibliche Helden …
(z. B. Maria Stuart)

WÜRDE
ist „der Ausdruck einer erhabenen Gesinnung“

… beherrschen die Sinnlichkeit, indem sie nach der „höchsten Idee sittlicher Reinheit“ handeln und sich dabei in einen unlösbaren Gewissenskonflikt verstricken

Männliche Helden …
(z. B. Max Piccolomini im „Wallenstein“)

Lösungen:
1.) „Darstellung der leidenden Natur“
2.) „Widerstand gegen das Leiden“

Ausgangsfrage in Schillers Tragödientheorie:
Wie lässt sich die moralische Kraft (Selbstbestimmung) des Menschen künstlerisch darstellen?

Philosophische Grundannahme Schillers:
Der Mensch ist Vernunft- und Sinnenwesen.
Als Individuum kann er nur dann sittlich-moralisch (d. h. gut und autonom kraft der Vernunft) handeln, wenn er seine Sinnlichkeit (Neigung, Triebe, Leidenschaften, Affekte) kontrolliert.

Marias gefasste, selbstsichere Haltung am Ende des Dramas **ist Ausdruck** einer **„schönen Seele“**, wie Schiller sie in seiner Abhandlung *Über Anmut und Würde* charakterisiert: „In einer schönen Seele ist es also, wo Sinnlichkeit und Vernunft, Pflicht und Neigung harmonieren, und Grazie ist ihr Ausdruck in der Erscheinung.“ (FA 8, S. 371) Paradoxerweise überwindet eine „schöne Seele“ ihre Sinnlichkeit nur durch andere sinnliche Erfahrungen. Im Stück geschieht das in den Szenen V, 6 und V, 7, als Maria die christliche Eucharistie feiert. Schiller sah in der Religion ein Mittel, mit dessen Hilfe Menschen – und besonders Frauen – Ruhe finden und die Angst vor dem Tod verlieren können. Die Religion vermöge Sinnlichkeit und Vernunft miteinander auszusöhnen und einen „Vernunftglaube[n] an eine Unsterblichkeit“ (FA 8, S. 406) zu erzeugen.

Der **„erhabene Charakter“**, der seine Würde aus seiner Orientierung an „Vernunftideen“ bezieht, **bleibt** nach Schillers Vorstellungen hingegen den **Männern vorbehalten**. **Frauen** zeichnen sich durch Anmut und **„schöne Empfindsamkeit“** aus: „Selten wird sich der weibliche Charakter zu der höchsten Idee sittlicher Reinheit erheben, und es selten weiter als zu *affektionierten* Handlungen bringen. Er wird der Sinnlichkeit oft mit heroischer Stärke, aber nur *durch* die Sinnlichkeit widerstehen.“ (FA 8, S. 372; vgl. Abbildung S. 64) Schillers Anschauung ist wohl kaum Ausdruck einer frauenfeindlichen Haltung, obwohl sich schon die Frühromantiker, etwa die Brüder Friedrich und August Wilhelm Schlegel, über solche Zuschreibungen mokiert haben. Für Schiller aber verkörpert eine „schöne Seele“ die Möglichkeit der Harmonie von Ästhetik und Moral.

7 Interpretation von Schlüsselszenen

3. Aufzug, 4. Auftritt: Die Begegnung der Königinnen

In *Maria Stuart* wird eine Staatsaktion abgehandelt, die einer öffentlichen Gerichtsverhandlung ähnelt. Dass dabei die Richterin (Elisabeth) und die Angeklagte (Maria) in einem **privaten Treffen** zusammenkommen könnten, hielt Schiller im Grunde für **„moralisch unmöglich"** (Brief an Goethe vom 3. September 1799, DüD, S. 385). Dennoch zeigt Schiller dieses Treffen, das auch den historischen Tatsachen nicht entspricht. Die berühmte Streitszene der beiden Königinnen im Park von Fotheringhay ist **dramaturgisch notwendig** als Höhe- und Wendepunkt der Haupthandlung. Die Gesetze der Bühne verlangen nach einer direkten Konfrontation der beiden Widersacherinnen. Der Zuschauer erwartet gespannt, ob Elisabeth das Urteil des englischen Gerichts bestätigt und das Todesurteil vollstrecken lässt oder ob königliche Milde und Größe sie zu einer Begnadigung ihrer Rivalin bewegen.

Leicester hat die Begegnung eingefädelt und Elisabeth ist wohl vor allem aus Neugier auf seinen Vorschlag eingegangen. Maria andererseits, die im Park eine trügerische Freiheit genießt (III, 1), gesteht Shrewsbury, der sie auf die entscheidende Begegnung einschwört, ihren Hass auf Elisabeth:

Nichts lebt in mir in diesem Augenblick,
Als meiner Leiden brennendes Gefühl.
In blut'gen Hass gewendet wider sie
(V. 2182 ff.)

Damit deutet Schiller bereits vor dem Gespräch dessen fatales Ergebnis an: Maria wird sich nicht, wie Shrewsbury es ihr empfiehlt, demutsvoll unterwerfen.

Schiller legt den Akzent zu Beginn des Auftritts durch umfangreiche **Regieanweisungen** auf die **nonverbale Kommunikation** zwischen den beiden Königinnen: Im Blickkontakt

Maria Stuart (Corinna Kirchhoff), Elisabeth (Elisabeth Orth) und Amias Paulet (Johannes Terne). Inszenierung von Andrea Breth am Burgtheater Wien (2001). Foto: Bernd Uhlig

baut sich Spannung auf. Beim Sprechen „fixiert" Elisabeth ihre Gegnerin mit einem „gespannten Blick". Elisabeth gibt vor, nicht zu wissen, wo sie sich befinde und wer die andere Frau sei. Diese Bemerkungen dienen dem doppelten Zweck, sich gegen den Verdacht zu schützen, dass sie sich freiwillig mit Maria trifft, und Maria zu demütigen. Auch die Bemerkung, dass ihr „gutes Volk" sie „abgöttisch" liebe (V. 2229 f.), äußert sie in der Absicht, Maria, die Königin ohne Volk, zu entmutigen. Dass Elisabeth es für nötig hält, so ausdrücklich auf ihre Popularität hinzuweisen, zeigt aber zugleich, dass sie der Anhänglichkeit des Volkes doch nicht so sicher ist, wie sie sich den Anschein geben möchte.

Elisabeths Gebaren verfehlt nicht seine Wirkung auf Maria, die verzweifelt ausruft: „O Gott, aus diesen Zügen spricht kein Herz!" (V. 2232) Schillers Affektregie vermittelt dem Zuschauer „die lebhaftesten Eindrücke von einem Leiden" (*Über die tragische Kunst*, FA 8, S. 264), zu deren Darstellung es zunächst keiner Worte bedarf, sondern das sich in den Gebärden äußert: Die Regieanmerkungen beschreiben Marias Zustand. Sie ist „halb ohnmächtig", „schaudert zusammen und wirft sich wieder an der Amme Brust". Im nächsten Moment drückt Marias ‚Gebärdenkampf' ihr Ringen mit sich aus, ob sie sich demütig oder stolz verhalten solle (vgl. Regieanmerkung zu V. 2241). Dieser innere Kampf leitet zur eigentlichen verbalen Auseinandersetzung über. **Marias Körpersprache** reizt Elisabeth, die ihr Verhalten als Ausdruck eines ungebrochenen Stolzes deutet. Spätestens seit dem neunten Auftritt des zweiten Aktes aber weiß man, was sich Elisabeth von dem Treffen erhofft: Sie will Maria „im Mangel und in Schmach" (V. 2054) sehen.

Maria ist sich bewusst, dass Elisabeth absolute Unterwerfung fordert und zwingt sich – in einem **Beiseitesprechen** (a parte) – zur Mäßigung. Dieser Akt der **Selbstüberwindung** wird anaphorisch durch die **dreifache einleitende Formel** „Ich will" (V. 2245, 2247f.) betont. Maria räumt Elisabeths Sieg über sie ein und ringt sich zu einem Kniefall durch. Die Geste bietet Elisabeth die Möglichkeit, die Rivalin huldvoll „von dem tiefen Fall" zu „erheben", wie Maria sagt (V. 2256). Elisabeth jedoch tritt zurück und antwortet hart, dass dies der Platz sei, den Gott Maria zugewiesen habe.

Schiller hat in dieser Dialogphase schon den strukturellen Verlauf des weiteren Gesprächs vorweggenommen. Mehrfach kann Maria Stuart ihr echtes Gefühl nur mit Mühe im Zaume halten, mehrfach zwingt sie sich zur Demut und Mäßigung. Ebenso häufig wird sie von Elisabeth abgewiesen. Als Elisabeth schließlich „kalt und streng" (V. 2279) zu wissen begehrt, was Maria ihr, die sich großmütig zu ihr herabgelassen habe und sich deswegen gerechtem Tadel aussetze, zu sagen habe, beginnt Maria einzusehen, dass eine Verständigung den guten Willen beider Gesprächspartnerinnen voraussetzt, auf den sie hier nicht hoffen kann:

Womit soll ich den Anfang machen, wie
Die Worte klüglich stellen, dass sie Euch

Das Herz ergreifen, aber nicht verletzen!
(V. 2288 ff.)

Die Einsicht in die Unmöglichkeit, die richtigen Worte zu finden, wenn sich das Gegenüber allen Worten verschließt, führt schnell zu Marias offenem Eingeständnis, dass sie „doch für mich selbst nicht sprechen" könne, „ohne Euch / Schwer zu verklagen, und das will ich nicht." (V. 2293 f.) Weil ihre Lage aber ohnehin aussichtslos ist und weil sie ihrem Herzen Luft zu machen wünscht, tut sie es dennoch.

Die Gerichtssituation kehrt sich nun gewissermaßen **um** in ihr Gegenteil: Die Angeklagte klagt die Richterin an. Ähnlich wie im Gespräch mit Burleigh über ihr Verfahren (I, 7) beginnt Maria zunächst recht sachlich und kritisiert den Prozess gegen sie und ihre Gefangenschaft. Doch dann besinnt sie sich auf die Nutzlosigkeit einer solchen Auseinandersetzung und versucht, Elisabeth von der Schuld für ihre, Marias, Situation zu entlasten. Sie macht im Gegenteil neuerlich das Schicksal und die unterschiedlichen Bedingungen ihrer beider Jugend, darüber hinaus aber auch die schlechten Einflüsse „böse[r] Menschen" (V. 2312) dafür verantwortlich, dass sie und ihre königliche „Schwester" (V. 2321) einander als Feindinnen ansehen.

Elisabeth aber fordert Maria auf, nicht die „Geschicke", sondern ihr eigenes „schwarzes Herz" anzuklagen (V. 2330) und hält ihr vor, dass Marias Oheim, der französische Kardinal von Guise, sie habe stürzen und töten wollen, welches Schicksal nun jedoch, weil Gott auf der Seite der Engländer sei, Maria zufalle.

Vergeblich erklärt Maria, in Gottes Hand zu stehen (womit sie ihre Erwartung zum Ausdruck bringt, dass Elisabeth Gottes Richtspruch über Maria nicht vorzugreifen wagen wird), denn Elisabeth stellt klar, dass sie nur dem Beispiel von Marias katholischen Verwandten in Frankreich zu folgen brauche. Dort waren 1572 in der Hochzeitsnacht der Prinzessin Margarete, Marias Schwägerin, mit dem protestantischen König von Navarra (dem späteren französischen König Heinrich IV.), dessen Anhänger, die französischen Hugenotten, auf Befehl der katholischen Königinmutter niedergemetzelt worden. In Paris starben in der so genannten **Bartholomäusnacht** (vgl. V. 2352), mindestens 3 000, im übrigen Land wohl 10 000 Hugenotten.

Zuletzt bezichtigt Elisabeth Maria, Englands Jugend in ihrem „**Buhlernetze**“ (V. 2376) zu verstricken. Diese letzte, lang zurückgehaltene Provokation enthält wohl die persönlichsten Motive für Elisabeths Feindschaft gegenüber Maria und wiegt für sie besonders schwer. Sie bezeichnet Maria „als listige Armida“ (V. 2374). Das ist eine Figur aus dem Kreuzzugsepos *Das befreite Jerusalem* (1581) des italienischen Dichters Torquato Tasso: eine verführerische Frau, die mit ihren weiblichen Reizen die Kampfkraft der Gegner lähmt.

Gewissermaßen **ermüdet von so viel Feindseligkeit** unterbricht Maria Elisabeth, erklärt ihren völligen Verzicht auf Thron und Königreich, gibt sich geschlagen und bittet, nun „ein Ende“ zu machen (V. 2386) und ihr die Freiheit zu schenken.

Doch Elisabeth verliert jedes Maß. Sie lässt sich gehen und büßt so ihre königliche Würde ein. Gehässig stellt sie fest: „– Ja, es ist aus, Lady Maria. Ihr verführt / Mir keinen mehr.“ (V. 2407f.) Von da an **entgleist das Gespräch**. Elisabeth gibt Maria zu verstehen, dass sie eine Hure sei, woraufhin Maria das Maß dessen, was sie anzuhören bereit ist, für voll erklärt, Elisabeth „höhnisch lachend“ eifert, nun endlich zeige Maria ihr wahres Gesicht, Maria wiederum Elisabeth vorhält, ihre angebliche Tugend decke nur die „wilde Glut verstohlner Lüste“ (V. 2429) und Elisabeth schließlich als „Bastard“ beschimpft (V. 2447). Die Königinnen glühen vor Zorn und schießen „wütende Blicke“, wie es in den Regieanweisungen heißt, während sich die umherstehenden Lords in höchste Bestürzung versetzt sehen.

Goethe sprach mit Blick auf diesen Eklat von „zwei Huren“, Schlegel vom „Gezänk“ zweier Weiber und Brecht verwandelte

Maria Stuart (Solveig Krebs), und Elisabeth (Stefanie Kampe). Inszenierung von Irmgard Lange im Staatstheater Mainz (2002). Foto: Bettina Müller

die Szene in einen Streit zweier Fischweiber. Diese abschätzigen – und sicher überzogenen – Kommentare fallen nur insofern auf Schiller zurück, als er es offenbar seinen beiden Heldinnen nicht zutraute, in der direkten Auseinandersetzung miteinander die Fassung zu bewahren. Maria ist bis zu einem gewissen Grade zu entschuldigen, da sie über Gebühr gereizt worden ist. Schillers Hinweis für die Regie, dass Maria „vor Zorn glühend, doch mit einer edeln Würde" auf Elisabeth losgeht (V. 2421), entspringt seiner Absicht, Marias Entgleisung zu relativieren. Auch der Zuschauer steht unwillkürlich auf ihrer Seite, die sie in ihrem Unglück von Elisabeth auf unedle Weise bitter verhöhnt worden ist.

Der moralische Sieg, den Maria davonträgt, wird nur von kurzer Dauer sein. Denn mit ihren unbedachten Worten ist ihr Todesurteil besiegelt.

5. Aufzug, 6. und 7. Auftritt: Maria feiert das Abendmahl

Schiller bereitet Marias Gang in den Tod wirkungsvoll mit den Tränen ihrer Bediensteten vor, die in den ersten fünf Auftritten des letzten Aktes Marias Schicksal beklagen. Maria tritt „mit ruhiger Hoheit" auf, „weiß und festlich gekleidet" und ausgestattet mit **Gebrauchsgegenständen ihres katholischen Glaubens:** einem Agnus Dei (einem aus Wachs geformten Täfelchen, auf dem das Bild des Lamm Gottes sowie der Name des amtierenden Papstes eingeprägt ist), einem Rosenkranz (einer aus sechs größeren und 53 kleineren Perlen zusammengesetzten Kette, die in einem Kreuz endet; anhand der Perlen werden die „Vaterunser" und „Ave-Marias" durchgezählt, die zu Ehren Marias, der Mutter Gottes, gebetet werden) und einem Kruzifix (einer, meist plastischen, Darstellung des gekreuzigten Jesus auf einem Kreuz aus Holz, Stein oder Metall). Als Herrscherinnen- und Hoheitszeichen trägt sie ein Diadem.

Sie ermahnt ihr Gefolge, sich darüber zu freuen, dass ihr Kerker nun aufgehe und „die frohe Seele sich / Auf Engelsflügeln schwingt zur ew'gen Freiheit" (V. 3483f.). Mit freudiger Überraschung begrüßt sie ihren Haushofmeister Melvil.

Dann **segnet sie ihre Blutsverwandten** des französischen Königshauses und verteilt alle ihre materiellen Besitztümer an ihre Dienerschaft. Ihr Verzicht auf jegliche „Güter dieser Erden" (V. 3578) ist ein Ausdruck ihrer Geisteshaltung, die Maria schon zu Beginn des Stücks gegenüber ihrer Amme Kennedy vertreten hat: „Flitter machen / Die Königin nicht aus." (V. 154f.)

Der anschließende siebente Auftritt beginnt mit Marias Verzweiflung darüber, dass man ihr den geistlichen Beistand eines Priesters ihrer Kirche versagt habe und sie daher den „höchsten Richter" (V. 3589), Gott, nicht habe versöhnen können, indem sie des „Sakramentes heil'ge Himmelspeise" empfängt (V. 3592). Melvils Versicherung, dass der „feurig fromme Wunsch" für das „Vollbringen" einstehe (V. 3597), genügt ihr nicht: „ein irdisch

Pfand bedarf der Glaube“ (V. 3602). Da teilt Melvil, der als historisch bezeugte Figur übrigens ein Protestant gewesen ist, der Königin mit, dass Gott ihr zum Troste auch Wunder wirken könne und dass er ein Priester sei (V. 3644 f., 3649). Er überbringt ihr eine vom „heil’gen Vater […] selbst“ geweihte Hostie (V. 3654). Dieses Detail hat Schiller aus den geschichtlichen Quellen übernommen, während das **Abendmahl** selbst historisch nicht verbürgt ist.

Die unverhoffte Wendung deutet Maria als himmlische Gnade und in bezeichnenden Worten als Befreiung „aus des Kerkers Banden“ (V. 3659; vgl. auch: „hält kein Riegel“, „schreitet mächtig durch verschlossne Pforten“, V. 3660 f.). Vergeblich war die Hoffnung auf Rettung, so lange sie sich auf die irdische Existenz, das nackte Leben, richtete. Als Maria aber diese Hoffnung aufgibt und ihr Heil im Jenseits sucht, tun sich die Tore ihres Gefängnisses auf.

Zum Ausdruck gebracht wird diese Rettung nicht ihres Körpers, aber ihrer Seele, in der Feier des katholischen Abendmahls, die Melvil mit ihr durchführt. Dabei werden, im Akt der so genannten Transsubstantiation, nach christlicher Vorstellung Brot und Wein symbolisch in Leib und Blut Christi umgewandelt. So dem Göttlichen teilhaftig geworden, kann Maria in der Beichte ihr Gewissen entlasten.

Die **Beichte bietet die Gelegenheit, abschließend Bilanz zu ziehen** und Marias Schuld und Unschuld gegeneinander abzuwägen. Sie bekennt und bereut ihren neidischen Hass gegen Elisabeth (V. 3676 ff.) und ihre sündige Liebe (V. 3684 ff.) für den Mann, der sie treulos verlassen und betrogen habe. Gemeint ist hier wohl Leicester, auf den die Charakterisierung besser passt als auf Lord Darnley oder Graf Bothwell. Mit besonderer Reue gedenkt sie ihrer „Blutschuld“ (V. 3693): „Den König, meinen Gatten, ließ ich morden, / Und dem Verführer schenkt’ ich Herz und Hand!“ (V. 3697 f.) Ihren angeblichen „blut’gen

Anteil / An Babingtons und Parrys Hochverrat" (V. 3713 f.), um dessentwillen sie „den zeitlichen Tod" (V. 3715) sterben wird, streitet sie jedoch mehrfach und energisch ab, auch als Melvil in sie dringt und erklärt, dass sie bei einer unvollständigen Beichte für die Tat auch „den ew'gen" Tod werde sterben müssen, ihre Seele also unerlöst bleiben werde (V. 3716).

Maria Stuart (Corinna Kirchhoff), Graf von Leicester (Michael König) und Hanna Kennedy (Gertraud Jesserer). Inszenierung von Andrea Breth am Burgtheater Wien (2001). Foto: Bernd Uhlig

Trotz ihrer Unschuld lehnt sich Maria nicht mehr gegen das Urteil ihrer irdischen Richter auf. Gott würdige sie, erklärt sie, „durch diesen unverdienten Tod / Die frühe schwere Blutschuld abzubüßen" (V. 3735f.). So **wird die ungerechte Verurteilung zum Instrument ihrer seelischen Reinigung vor Gott**. Melvil greift diesen Zusammenhang von Schuld und Sühne auf:

Blut kann versöhnen, was das Blut verbrach,
Du fehltest nur aus weiblichem Gebrechen,
Dem sel'gen Geiste folgen nicht die Schwächen
Der Sterblichkeit in die Verklärung nach. (V. 3739 ff.)

Die Bedeutung dieser Worte wird durch die Endreime betont, die die vier Verszeilen in umarmender Reimstellung zu einer Einheit verbinden. Auch die Absolution, die Löslösung von allen Sünden, die Melvil Maria anschließend erteilt, ist durch einen Endreim als entscheidender Moment hervorgehoben (V. 3744 f.).

In seiner Abhandlung *Über Anmut und Würde* vertritt Schiller die Auffassung, dass der Mensch zu geistiger Freiheit und Selbstbestimmung gelangen könne, wenn er „zur moralischen Freiheit des Willens, durch Brechung der Naturnotwendigkeiten" fähig sei (FA 8, S. 374). Maria stellt diese Freiheit unter Beweis, indem sie dem Unrecht, dass ihr geschieht, einen Sinn abgewinnt, der sich über die Meinung der Welt hinwegsetzt, dafür aber vor ihr und, kraft der priesterlichen Absolution, vor Gott Bestand hat.

Diese **moralische Kraft** auf der Bühne anschaulich zu machen, ist, wie Schiller betont, eine kaum lösbare Aufgabe: „Streng genommen ist die moralische Kraft im Menschen keiner Darstellung fähig, da das Übersinnliche nie versinnlicht werden kann." (FA 8, S. 378) Eine Lösung für dieses Problem bot sich durch die Verbindung von Marias Läuterung mit dem Ritus des christlichen Abendmahls, in dem „sinnliche Zeichen" (FA 8, S. 378) für eine übersinnliche Erfahrung einstehen.

Indem sie ihre triebhafte Natur in Gott auslöscht, erlangt Maria „*Ruhe im Leiden*" (FA 8, S. 380) als Ausdruck ihrer Würde. Und durch diese innere Erlösung und ihre darauf gründende ruhige, gefasste Haltung im Angesicht ihres Todes überwindet sie ihre Fremdbestimmung – die ungerechtfertigte, leidvolle Gefangenschaft.

Rezeptions- und Wirkungsgeschichte

1 Die zeitgenössische Rezeption

Die **Uraufführung** der *Maria Stuart* fand am 14. Juni 1800 im Weimarer Hoftheater statt.

Über die erfolgreiche Premiere vor ausverkauftem Haus gibt es einige lobende Aufführungsberichte. Wurde in ihnen vor allem der Darstellerin der Maria vorgeworfen, dass sie „den Geist ihrer Rolle" verfehlt habe, indem sie eine „gekränkte Königin" statt eine „leidende Dulderin" gegeben habe,[5] so überzeugte die Rezensenten die Darstellung der Elisabeth als heuchlerische, doch starke Regentin.

Der Weimarer Schauspieler Eduard Genast berichtete nicht nur von den Proben, die Schiller mit leidenschaftlichem Einsatz geleitet habe, sondern erwähnt auch, dass die **Abendmahlszene** (V, 7) bereits im Vorfeld der Uraufführung **heftig umstritten** war: Herzog Karl August schrieb auf Veranlassung von Johann Gottfried Herder einen Brief an Goethe, in dem er diesen bat, Schiller zum Weglassen der Szene zu bewegen. Herder hielt den Umstand, dass das Abendmahl auf die Bühne gebracht werde, für eine Profanierung des ernsten, religiösen Rituals und sah einen Skandal vorprogrammiert. Schiller zeigte sich verärgert, nahm aber offenbar immerhin Änderungen an der Szene vor.

Die zeitgenössische Kritik im Anschluss an die ersten beiden Aufführungen kommentierte außer der Abendmahlszene vor allem den zentralen Auftritt, in dem sich die Königinnen begegnen (III, 4), sowie Mortimers überschwängliche Liebe zu Maria. Karl August Böttiger, der Rektor des Weimarer Gymnasiums, schrieb mit Blick auf das Gespräch der Königinnen, Schiller sei es glänzend gelungen, die Lücke in der historischen Überlieferung zu schließen, denn die fiktive Szene löse den Knoten der Handlung und lasse „die äußerst undramatische Unentschlossenheit der Elisabeth zu einem raschen Entschluß bringen".[6] Zudem lobt Böttiger Schillers Kunstgriff, die „schreckensschwangeren Momente, wo die königliche Dulderin unter dem Henkersbeil blutet, durch die Verzweiflung eines von Furien gepeinigten *Höflings*" zu veranschaulichen.

Eine Rezension, deren Verfasser nicht identifizierbar ist, monierte an der zentralen Szene, dass Maria in ihrem Handeln ihrer „Natur des Weibes" folge und deswegen wenig königliche Würde an den Tag lege. Der Rezensent trat aber der Auffassung entgegen, das Stück hätte mit der Todesszene enden sollen. Die ausgleichende Gerechtigkeit verlange vielmehr, dass Elisabeth am Ende auch leiden müsse, wenn sie von allen verlassen zurückbleibt.

Bevor die **Erstausgabe** des Dramas gedruckt wurde, fertigte der Engländer Joseph Charles Mellish, der in Weimar lebte, eine Übersetzung an, die 1801 veröffentlicht wurde. Die Übersetzung konserviert den ursprünglichen Text Schillers, den dieser für den Erstdruck der deutschen Ausgabe noch leicht änderte und kürzte. Die Erstausgabe der endgültigen Fassung erschien 1801 im Verlagshaus Cotta in Tübingen.

2 Aufführungstendenzen seit dem 19. Jahrhundert

Maria Stuart ist **neben „Wilhelm Tell" Schillers meistgespieltes Theaterstück.** Bis zu Beginn des 20. Jahrhunderts war es neben Gotthold Ephraim Lessings Trauerspiel *Emilia Galotti* zudem das am häufigsten aufgeführte Stück an den großen Schauspielhäusern in Wien und Berlin. Vom Ersten Weltkrieg bis zur Zeit des Nationalsozialismus hielt sich das Drama unter den meistgespielten Stücken.

Dabei hatte *Maria Stuart* während des **Kaiserreichs** (1871–1918) mit der **Zensur** zu kämpfen, die nicht allein wegen der als blasphemisch empfundenen Abendmahlszene auf den Plan gerufen wurde; auch die Enthauptung einer Monarchin erregte zumindest in offiziellen Kreisen Anstoß.

Unter dem **Nationalsozialismus** (1933–1945) formierte sich im Zeichen abstruser ‚arischer' Sittlichkeitsvorstellungen Kritik gegen die Figur der Maria, die „nichts für die Jugend sei".[7] Deren hurenhafte Leidenschaftlichkeit diene nicht der Arterhaltung und Verbesserung der Rasse.

Wurde das Stück in den **Sechziger- und Siebzigerjahren** des 20. Jahrhunderts vor allem als Enthüllungsdrama verstanden, das sich mit politischer Korruption auseinander setze, so gerieten in den **Achtzigern** zunehmend die Geschlechterrollen der Figuren in den Blickpunkt. Behandelt wurden Fragen weiblicher Machtausübung und teilweise auch die Rollen der männlichen Nebenfiguren.

Das Theater der **Neunzigerjahre** entdeckte die psychologische Tiefenschicht insbesondere der Elisabeth. Diese Tendenz entwickelte sich vermutlich unter dem Einfluss eines Aufsatzes des Literaturwissenschaftlers Gert Sautermeister, der die Figuren Elisabeth und Mortimer sexualpsychologisch ausdeutet: Maria Stuart stellt in diesem Interpretationsansatz für Elisabeth und Mortimer eine Projektionsfigur dar, da sie „den Typus der anziehenden, begehrenswerten Frau repräsentiert" und so auf unterschiedliche Weise die Sehnsüchte und Fantasien ihrer Rivalin und ihres leidenschaftlichen Verehrers weckt.[8]

Natürlich halten sich neben solchen Aspekten auch andere Deutungsansätze. So betonte die Stuttgarter Inszenierung von 1998 die Rivalität der Königinnen und führte diese als „biestige Verstellungskünstlerinnen am Rande der Hysterie" vor.[9]

Aktuelle Aufführungen weisen auf einen Wandel der Regiearbeit hin, der sich einerseits im Zurückdrängen psychologischer Motivierungen und andererseits in der Hinwendung zu medialer Verfremdung äußert. Am Deutschen Theater in Berlin etwa sollte ein steriles Bühnenbild, das den Überwachungsstaat symbolisiert, Machtkritik transportieren. Kritisch vermerkte der Rezensent die inhaltliche Leere eines solchen „aseptischen" Regiekonzepts:

> *Der Dauerüberwachungsstaat hat durchsichtige Wände, und alle Briefe werden mindestens dutzendfach offen zu Boden geworfen. Da beide Königinnen durchgehend anwesend bleiben, entfällt auch die letzte Chance zum Hinterhalt. Intrige oder Verrat werden offen exekutiert, was die Schnödigkeit noch erheblich erhöht.*[10]

Auch wenn, wie in diesem Fall, nicht alle Deutungen des Stücks, auf der Bühne und durch die Literaturwissenschaft, einleuchten mögen, so erweist sich *Maria Stuart* doch immer von neuem als Theaterstück von zeitlosem Reiz, das zur Auseinandersetzung einlädt und Einsichten in das Funktionieren von Machtapparaten und das Seelenleben von Menschen zu vermitteln vermag.

Literaturhinweise

Verwendete Textausgaben von Werken Friedrich Schillers

SCHILLER, FRIEDRICH: *Maria Stuart. Ein Trauerspiel.* Mit Anmerkungen von Christian Grawe und einem entstehungsgeschichtlichen Anhang von Dietrich Bode. Durchgesehene Ausgabe auf der Grundlage der neuen amtlichen Rechtschreibung. Stuttgart: Reclam 2001 (RUB 64).

SCHILLER, FRIEDRICH: *Theoretische Schriften.* Hrsg. von Rolf-Peter Janz unter Mitarbeit von H. R. Brittnacher u. a. Frankfurt am Main: Deutscher Klassiker Verlag 1992 (Band 8 der *Werke und Briefe in zwölf Bänden.* Im Deutschen Klassiker-Verlag hrsg. von Otto Dann u. a. Frankfurt am Main 1988 ff.).

Dieser Band wird mit der Abkürzung *FA* (Frankfurter Ausgabe) zitiert: *FA 8 (+ Seitenangabe)*

Friedrich Schiller II. Von 1795-1805. Hrsg. von Bodo Lecke. München: Heimeran 1970 (in der Reihe *Dichter über ihre Dichtungen,* hrsg. von Rudolf Hirsch und Werner Vortriede).

Dieser Band, der unter anderem alle Briefzeugnisse zu *Maria Stuart* in chronologischer Ordnung enthält, wird zitiert als: *DüD (+ Seitenangabe).*

Sekundärliteratur zum geschichtlichen Hintergrund

ENGEL, JOSEF (Hrsg.): *Die Entstehung des neuzeitlichen Europa.* 4. Auflage. Stuttgart: Klett-Cotta 1994 (Band 3 des *Handbuchs der europäischen Geschichte,* hrsg. von Theodor Schieder).

Die „Geschichte Englands und Schottlands" findet sich in Kapitel B, § 16, der wiederum in kürzere Abhandlungen unterteilt ist: c) Schottland bis zur Abdankung Maria Stuarts (S. 918–923); e) Die Regierungszeit Elisabeths I. (S. 928–934).

Sekundärliteratur zu Schiller und zu „Maria Stuart“:

ALT, PETER-ANDRÉ: *Schiller. Leben–Werk–Zeit.* Zweiter Band. München: C. H. Beck 2000.

Dieses zweibändige, voluminöse Werk, das wohl bald als Standardwerk gelten wird, stellt Schillers Leben und Werk in enger Verzahnung dar. Der Abschnitt über *Maria Stuart* erörtert insbesondere den politischen und philosophischen Gehalt des Stückes.

GRAWE, CHRISTIAN (Hrsg.): *Erläuterungen und Dokumente: Friedrich Schiller. Maria Stuart.* Bibliographisch ergänzte Ausgabe. Stuttgart: Reclam 2002 (RUB 8143).

Der Band bietet umfangreiche Wort- und Sacherläuterungen mit Versangaben, die sich auf die „gelbe“ Reclam-Textausgabe der *Maria Stuart* beziehen. Neben einem knappen Abschnitt über den historischen Hintergrund enthält der Band eine große Anzahl von Dokumenten zu Werk und Wirkung (z. B. Briefe, Informationen über die von Schiller verwendeten historischen Quellen oder Rezensionen über Theateraufführungen).

KOOPMANN, HELMUT: *Schiller. Eine Einführung.* München u. a.: Artemis 1988 (Artemis-Einführungen. Band 37).

Ein sehr empfehlenswerter Einführungsband, der über alle Schaffensperioden und Werke Schillers in chronologischer Reihenfolge informiert und darüber hinaus verständliche Einzelinterpretationen bietet. Koopmann arbeitet besonders Schillers Verhältnis zur Aufklärung heraus.

LUSERSKE, MATTHIAS: Deutungsaspekte. In: *Schiller, Friedrich: Dramen IV.* Hrsg. von M. Luserske. Frankfurt am Main: Deutscher Klassiker Verlag 1996, S. 575–582.

Der knapp gehaltene Kommentar vermittelt in klarer Weise aktuelle Interpretationsansätze zum Drama.

SAUTERMEISTER, GERT: Maria Stuart. Ästhetik, Seelenkunde, historisch gesellschaftlicher Ort. In: *Interpretationen: Schillers Dramen.* Hrsg. von Walter Hinderer. Stuttgart: Reclam 1992, S. 280–335 (RUB 8807).

Ein ziemlich schwieriger, langer Interpretationsaufsatz, der aber in der Forschungsgeschichte zu *Maria Stuart* wichtig ist, da er einen – durchaus kritisierbaren – sexualpsychologischen Zugang zu den Figuren (besonders zu Elisabeth und Mortimer) sucht und die Geschlechterproblematik in den Mittelpunkt stellt.

UEDING, GERT: *Friedrich Schiller.* München: C. H. Beck 1990 (Beck'sche Reihe: Autorenbücher. Band 616).

Ebenso wie Koopmanns Werk ist der schmale Band von Gert Ueding ein Standardwerk, das einen Überblick über Schillers Leben und Werk verschafft. Er bietet überschaubare Einzeluntersuchungen, die kein umfassendes Vorwissen voraussetzen. Das kurze Kapitel über *Maria Stuart* befasst sich mit dem Problem der Verantwortung des politisch Handelnden.

VAN INGEN, FERDINAND: Macht und Gewissen in Schillers *Maria Stuart.* In: *Verantwortung und Utopie. Zur Literatur der Goethezeit. Ein Symposium.* Hrsg. von Wolfgang Wittkowski. Tübingen: Niemeyer 1988, S. 283–309.

Dieser teilweise schwierige Aufsatz untersucht den Hofstaat, wie ihn Schiller in seinem Drama darstellt, und dabei vor allem die Figur der Elisabeth. Er beleuchtet ihr Herrschaftsverständnis und diskutiert staatstheoretische Überlegungen, die Schiller in seinem Drama verarbeitet haben könnte. Herausgearbeitet wird der Zusammenhang von Politik und Moral.

Anmerkungen

1 Die Abkürzung DüD bezieht sich auf den Band *Schiller II. Von 1795–1805* aus der Reihe *Dichter über ihre Dichtungen*; vgl. Literaturhinweise, S. 80
2 Die Abkürzung FA 8 verweist auf den 8. Band der Frankfurter Ausgabe von Schillers Werken; vgl. Literaturhinweise, S. 80
3 Luserske, *Deutungsaspekte,* S. 581
4 Koopmann, *Schiller,* S. 99
5 Grawe, *Erläuterungen und Dokumente,* S. 67
6 Grawe, *Erläuterungen und Dokumente,* S. 113
7 Grawe, *Erläuterungen und Dokumente,* S. 159
8 Sautermeister, *Maria Stuart,* S. 300
9 Christoph Müller: Schwere Kunst der Täuschung. In: *Theater Heute* 2/1998, S. 59
10 Franz Wille: Arbeit am Mythos. In: *Theater Heute* 1/2003, S. 37

Ihre Meinung ist uns wichtig!

Ihre Anregungen sind uns immer willkommen. Bitte informieren Sie uns mit diesem Schein über Ihre Verbesserungsvorschläge!

Titel-Nr.	Seite	Vorschlag

Bitte hier abtrennen

Bitte hier abtrennen

Zutreffendes bitte ankreuzen! Die Absenderin/der Absender ist:

- ☐ Lehrer/in in den Klassenstufen: ______
- ☐ Fachbetreuer/in
  Fächer: ______
- ☐ Seminarlehrer/in
  Fächer: ______
- ☐ Regierungsfachberater/in
  Fächer: ______
- ☐ Oberstufenbetreuer/in
- ☐ Schulleiter/in
- ☐ Referendar/in, Termin 2. Staatsexamen: ______
- ☐ Leiter/in Lehrerbibliothek
- ☐ Leiter/in Schülerbibliothek
- ☐ Sekretariat
- ☐ Eltern
- ☐ Schüler/in, Klasse: ______
- ☐ Sonstiges: ______

STARK Verlag
Postfach 1852
85318 Freising

18-V1P

Bitte ausfüllen und im frankierten Umschlag an uns einsenden. Für Fensterkuverts geeignet.

Kennen Sie Ihre Kundennummer? Bitte hier eintragen.

Absender (Bitte in Druckbuchstaben!)

Name/Vorname

Straße/Nr.

PLZ/Ort

Telefon privat

Geburtsjahr

E-Mail

Schule/Schulstempel (Bitte immer angeben!)

Unterrichtsfächer: (Bei Lehrkräften!)

STARK Interpretationshilfen und Trainingsbände für die Oberstufe

Deutsch Interpretationen

Aehnlich:
Alle sterben, auch die Löffelstöre ...... Best.-Nr. 2400621
Brecht: *Der aufhaltsame Aufstieg des Arturo Ui* ...... Best.-Nr. 2400281
Brecht: *Der kaukasische Kreidekreis* .. Best.-Nr. 2400171
Brecht: *Leben des Galilei* ...... Best.-Nr. 2400011
Brecht: *Mutter Courage und ihre Kinder* ...... Best.-Nr. 2400521
Brussig: *Am kürzeren Ende der Sonnenallee* .. Best.-Nr. 2400201
Büchner: *Dantons Tod* ...... Best.-Nr. 2400121
Büchner: *Der Hessische Landbote* ...... Best.-Nr. 2400461
Büchner: *Lenz* ...... Best.-Nr. 2400431
Büchner: *Leonce und Lena* ...... Best.-Nr. 2400261
Büchner: *Woyzeck* ...... Best.-Nr. 2400041
Dürrenmatt: *Der Besuch der alten Dame* ...... Best.-Nr. 2400341
Dürrenmatt: *Der Verdacht* ...... Best.-Nr. 2400571
Eichendorff: *Aus dem Leben eines Taugenichts* ...... Best.-Nr. 2400071
Eichendorff: *Das Marmorbild* ...... Best.-Nr. 2400081
Fontane: *Effi Briest* ...... Best.-Nr. 2400371
Fontane: *Irrungen, Wirrungen* ...... Best.-Nr. 2400401
Fontane: *Frau Jenny Treibel* ...... Best.-Nr. 2400611
Frisch: *Biedermann und die Brandstifter* ...... Best.-Nr. 2400531
Frisch: *Homo faber* ...... Best.-Nr. 2400031
Goethe: *Faust I* ...... Best.-Nr. 2400511
Goethe: *Gedichte (1771–1783)* ...... Best.-Nr. 2400181
Goethe: *Die Leiden des jungen Werther* ...... Best.-Nr. 2400051
Hauptmann: *Die Ratten* ...... Best.-Nr. 2400411
Hein: *Der fremde Freund/Drachenblut* ...... Best.-Nr. 2400061
E.T.A. Hoffmann: *Der Sandmann* ...... Best.-Nr. 2400351
Horváth: *Geschichten aus dem Wiener Wald* .... Best.-Nr. 2400581
Kafka: *Der Proceß* ...... Best.-Nr. 2400481
Kafka: *Die Verwandlung/Das Urteil* .. Best.-Nr. 2400141
Keller: *Romeo und Julia auf dem Dorfe* ...... Best.-Nr. 2400321
Kerner: *Blueprint. Blaupause* ...... Best.-Nr. 2400391
Kleist: *Der zerbrochne Krug* ...... Best.-Nr. 2400541
Kleist: *Michael Kohlhaas* ...... Best.-Nr. 2400111
Lessing: *Emilia Galotti* ...... Best.-Nr. 2400191
Lessing: *Nathan der Weise* ...... Best.-Nr. 2400501
Th. Mann: *Der Tod in Venedig* ...... Best.-Nr. 2400291
Th. Mann: *Tonio Kröger/ Mario und der Zauberer* ...... Best.-Nr. 2400151
Musil: *Die Verwirrungen der Zöglings Törleß* ...... Best.-Nr. 2400561
Nooteboom: *Die folgende Geschichte* Best.-Nr. 2400251
Schiller: *Don Carlos* ...... Best.-Nr. 2400161

Schiller: *Kabale und Liebe* ...... Best.-Nr. 2400231
Schiller: *Die Räuber* ...... Best.-Nr. 2400421
Schiller: *Maria Stuart* ...... Best.-Nr. 2400271
Schlink: *Der Vorleser* ...... Best.-Nr. 2400101
Schneider: *Schlafes Bruder* ...... Best.-Nr. 2400021
Schnitzler: *Traumnovelle* ...... Best.-Nr. 2400311
Sophokles: *Antigone* ...... Best.-Nr. 2400221
Storm: *Der Schimmelreiter* ...... Best.-Nr. 2400381
Süskind: *Das Parfum* ...... Best.-Nr. 2400091
Timm: *Die Entdeckung der Currywurst* ...... Best.-Nr. 2400301
Vanderbeke: *Das Muschelessen* ...... Best.-Nr. 2400331
Wolf: *Kassandra* ...... Best.-Nr. 2400601
Wolf: *Medea. Stimmen* ...... Best.-Nr. 2400551
Wedekind: *Frühlings Erwachen* ...... Best.-Nr. 2400491
Zweig: *Schachnovelle* ...... Best.-Nr. 2400441

Deutsch Training

Training Methoden Deutsch ...... Best.-Nr. 944062
Dramen analysieren u. interpretieren Best.-Nr. 944092
Erörtern und Sachtexte analysieren .. Best.-Nr. 944094
Gedichte analysieren und interpretieren ...... Best.-Nr. 944091
Epische Texte analysieren und interpretieren ...... Best.-Nr. 944093
Übertritt in die Oberstufe ...... Best.-Nr. 90409
Abitur-Wissen Erörtern und Sachtexte analysieren .. Best.-Nr. 944064
Abitur-Wissen Textinterpretation ...... Best.-Nr. 944061
Abitur-Wissen Deutsche Literaturgeschichte ...... Best.-Nr. 94405
Abitur-Wissen Prüfungswissen Oberstufe ...... Best.-Nr. 94400
Kompakt-Wissen Rechtschreibung ...... Best.-Nr. 944065
Lexikon Autoren und Werke ...... Best.-Nr. 944081

(Bitte blättern Sie um)

18-V1P